U0663213

书山有路勤为径，优质资源伴你行
注册世纪波学院会员，享精品图书增值服务

INTERACTIVE TEACHING DESIGN
TRAINING WITH BRAIN

互动教学设计
用脑做培训

孙波 著

互动教学设计，让培训更加有效！

电子工业出版社

Publishing House of Electronics Industry

北京·BEIJING

图书在版编目（CIP）数据

互动教学设计：用脑做培训 / 孙波著. —北京：电子工业出版社，2020.7

ISBN 978-7-121-39148-4

Ⅰ. ①互… Ⅱ. ①孙… Ⅲ. ①企业管理－职工培训－教学设计－研究 Ⅳ. ①F272.921

中国版本图书馆 CIP 数据核字（2020）第 107841 号

责任编辑：晋　晶　　　　　　特约编辑：田学清
印　　刷：北京盛通数码印刷有限公司
装　　订：北京盛通数码印刷有限公司
出版发行：电子工业出版社
　　　　　北京市海淀区万寿路 173 信箱　　　　　邮编 100036
开　　本：720×1000　　1/16　　印张：12　　字数：192 千字
版　　次：2020 年 7 月第 1 版
印　　次：2025 年 5 月第 6 次印刷
定　　价：52.00 元

凡所购买电子工业出版社图书有缺损问题，请向购买书店调换。若书店售缺，请与本社发行部联系，联系及邮购电话：（010）88254888，88258888。

质量投诉请发邮件至 zlts@phei.com.cn，盗版侵权举报请发邮件到 dbqq@phei.com.cn。

本书咨询联系方式：（010）88254199，sjb@phei.com.cn。

一个人只能通过实践来学习，直到你开始尝试的时候，才能确信自己是不是真的明白了。

——亚里士多德（Aristotle）

成人是长着高大身躯的小宝宝。

——鲍勃·派克（Bob Pike）

学习本身不再是为工作做准备，学习本身就是一种工作。

——大卫·梅尔（David Meier）

感　谢

本书得以完成，要感谢的人很多。

感谢电子工业出版社的晋晶老师，邀约并且督促我完成本书的编写。感谢本书的编辑们的耐心与细心。

感谢林恩学习工作室的所有同事，与我一同开拓与服务客户，让我有机会不断实践这些工作方法。

感谢所有客户，感谢你们的参与，感谢你们的问题，感谢你们的建议。因为为你们培训，我才有机会进行各种教学引导方法的实践，我才能在实践与交流中不断获得感悟，并将这些实践和感悟慢慢汇集成本书。

前　言

没错，我又写了一本关于教学活动的书。不少朋友曾经看过我和庞涛老师一起撰写的《"动"见学习体验：图解五类学习活动设计》，并与我们分享了他们开展那些教学活动的感受。让我们备受鼓舞的是，很多朋友表示他们会在课堂上开展那些教学活动，而且他们认为那些教学活动非常实用。

在《"动"见学习体验：图解五类学习活动设计》中，我们介绍了设计教学活动的关键步骤，把常见的知识点做了分类，并为每类知识点可以开展什么样的教学活动进行了推荐。在本书中，我想在《"动"见学习体验：图解五类学习活动设计》的基础上，对教学活动的设计与引导做更深一步的讲解。具体来讲，本书要提供更加结构化、包含更多细节的设计方法，让读者可以更好地解决自己实际的设计问题。

为了更好地介绍本书的主旨和结构，我们先来理解培训过程。培训过程（包括线下的和线上的）从本质上来说可以用图 0-1 来表达。

图 0-1　培训过程

讲师把培训内容（如一些理念、洞察、知识体系、某类实际问题的解决方法等）通过培训过程有效地传递给学员，学员基于自己的认知体系，对培训内容进行解读、吸收并融会贯通。

众所周知，讲师仅使用单向的、演讲的方式进行培训，传递信息的效果会非常差、效率会非常低，而且这种培训方式很难长时间抓住学员的注意力。即使学员能够保持注意力且一字不漏地听到讲师传递的信息，也很难确保学员对这些信息的理解是准确的；即使学员准确地理解了这些信息，也很难确保学员认可这些信息；即使学员认可了这些信息，也很难确保学员能在工作中运用这些信息并产生行为改变。

为了让学员能够关注、理解、认可并运用讲师传递的信息，讲师需要让学员成为学习过程的主人，成为学习体验的中心。

讲师的角色需要发生转变：从幕前的主宰者变成幕后的指挥者。过去，我们需要讲师具有优秀的演讲与呈现能力，成为台上的"闪光者"。而现在，我们需要讲师把更多的精力放在幕后，为学员营造一个融入的、高效的、以学员为中心的学习环境。

大卫·梅尔在《培训学习手册》[①]中曾经提到，"以学员为中心"的学习环境有 5 个特征。

- 它是一个更加积极的学习环境。学员在教室里感受到积极的情绪：安全、融入、有成就感、鼓舞人心、愉悦等。

- 在这里，学员完全投入。学员把学习当成自己的事情，而不是外部强加的要求，自己主动负责，并享受自己的收获。

- 在这里，学员亲密合作。学员成为伙伴、组成团队，有非常多的互动、交流、分享与协作。

- 在这里，学习方式多种多样。学习方式不断变化，有新鲜感，能满足不同类型学员的需求。学员有一定的选择权和自主性。

- 这里提供的课程内容是情境化的。课程内容与工作高度相关，课程内容尽量接近真实的挑战与问题，让学员看到课程内容与未来所用情境之间的关联。

如果以这些特征作为标准来衡量一个课堂，那么可能现在很多培训课

---

① 大卫·梅尔. 培训学习手册. 刘安田，张峰，译. 北京：企业管理出版社，2002：13.

堂都不及格。我们看到的更多情况是，学员在课堂上是倾听者，学员的注意力容易被电脑和手机吸引，学员之间的合作仅限于小组讨论。更关键的是，在课堂上，学员所需要的成就感和积极、正向的情绪都非常稀缺。

诚然，解决这些问题不能仅依靠讲师，学员、培训管理者、学员的上级管理者等也都需要做出改变。本书更加聚焦于讲师（不管是企业的内部讲师，还是职业讲师）可以做些什么，以使培训更加有效。在这里，我们识别了两个既不同又相互关联的技能：互动教学流程设计技能与教学活动引导技能。

第一个技能：互动教学流程设计技能

在面对大量的课程内容时，知道如何以学员为中心为这些课程内容设计教学流程是第一个技能。教学流程是由一系列教学活动构成的。我们对教学活动的定义比较宽泛。带着一定的教学目标进行的一个活动都可以算作一个教学活动。学员在课堂上倾听一段 10 分钟的演讲是一个教学活动，学员之间互相结识并了解彼此的期望是一个教学活动，学员与讲师在课堂上就某个问题进行研讨与交流是一个教学活动，学员做一个与课程主题有关的游戏也是一个教学活动。

教学活动最好是变化的而不是单一的，自始至终只有讲师讲解或者小组讨论的教学活动并不会带来让学员愉悦的学习体验。教学活动要满足课程内容的需要，教学活动是为课程内容服务的，要理解学员在吸收课程内容时可能面临的挑战是什么、心里的困惑是什么，要能帮助学员成功应对这些挑战，并促进学员对课程内容的有效吸收与理解。

为了能够设计出这样的互动教学流程，讲师需要逐步积累两类知识。讲师需要积累的第一类知识是学习原理的知识。学习原理解释了"人是如何学习的"，以及在学习的背后发生了什么。在理解了这一点后，讲师就能有效判断什么样的教学流程是合理的，什么样的教学流程是不合理的。很多教育学家在研究"人是如何学习的"这个问题时，有的人从大脑结构和认知入手，探究大脑处理、分析、存储信息的机制是什么；有的人从行为研究入手，聚焦于如果想让人发展出新的行为，需要进行哪些训练；也有的人更多地关注人们的内在动机，研究哪些内在动机能驱动人们去探索、去尝试、去学习，哪些内在动机和因素会抑制人们的学习过程等。这些理论并不矛盾，它们从不同的角度思考，让人们对"人是如何学习的"这个问题的理解更加深刻。只有理解了"人是如何学习的"，才会更加理解"我们应该如何教别人"。教学方法必须建立在对学习本质的正确理解之上。

讲师需要积累的第二类知识是教学活动的知识。讲师积累的教学活动的知识越多，在设计教学流程时越游刃有余，越能根据不同的学习目标和学习场景进行选择。

第二个技能：教学活动引导技能

仅会设计教学流程是不够的，讲师还需要知道如何在课堂上有效引导教学活动。因为咨询工作的关系，我有很多机会去观察和辅导各种各样的人走进讲堂去讲课、去引导教学活动。在这些经历中，我发现从传统的教学模式转移到这种引导式的教学模式对很多讲师来说还是有挑战性的。同样的教学活动，在不同讲师的引导下，效果可能截然不同：有的讲师在引导教学活动时，能使学员主动参与并在教学活动过程中坦诚交流，讲师在教学活动结束之后的总结也让学员觉得受到启发；有的讲师在引导教学活动时，学员参与教学活动的意愿不强，而且在参与教学活动后也没有受到启发，甚至觉得是在浪费时间，而讲师自己也没有成就感。

如果说在设计教学活动时更需要讲师的理性分析与设计能力，那么在引导教学活动时更需要讲师的感性理解和同理能力，这需要讲师能够眼观六路，耳听八方，感知学员所感知的，尊重学员的心理诉求。讲师要根据学员的现场反应及当时的课堂氛围，快速地调整教学活动的细节，如讲师的语言、行为、辅助工具等，这样才能确保教学活动发挥出真正的作用。

因此，本书的第二部分把讲师在课堂上引导教学活动的方法分门别类地进行了整理。这些方法绝大部分是从课堂实践中总结出来的，是在尝试解决各类教学活动引导过程中所面临的问题时逐步摸索出来的。虽然这些方法很琐碎，但是它们所蕴含的核心原理是相通的。同第一部分一样，在介绍这些方法时，本部分也会同时介绍一些与之匹配的教学活动。

综上所述，本书的内容可分为 3 个部分，如图 0-2 所示。其中，第一部分介绍了一些脑科学原理，以及与这些原理相匹配的教学活动的设计方法，这些设计方法可以协助讲师设计互动教学流程。第二部分介绍了引导教学活动的方法，并且围绕学员心理分享了如何把引导做得更好的技巧。

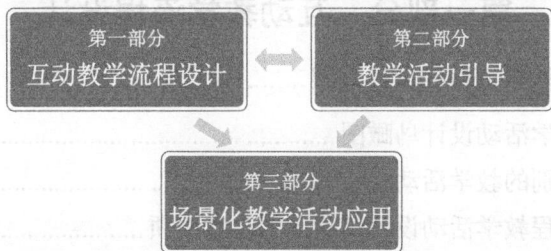

图 0-2　本书的内容划分

第三部分围绕一些常见的培训场景，介绍了 11 个实用的教学活动。我希望这些教学活动可以使读者对前两个部分所提及的方法有更深的认识和理解。

在本书中，我设计了一个虚拟人物 Mac，他是一家公司的培训专员，书中很多例子都是以他为主角的。当然，这个 Mac 可能是过往在授课中的我，也可能是我接触过的或者辅导过的讲师。他遇到的问题和挑战很多都是我们亲身经历过的。希望他的经历能帮助读者理解本书中的方法。

衷心感谢我在过去十几年的咨询生涯中接触的学员与老师，与他们的互动和交流，使我积累了本书展现的方法。

孙波

目　录

第一部分　互动教学流程设计

第二部分　教学活动引导

互动教学流程设计

你是否观察过一个玉匠雕刻一个玉雕作品的过程？在拿到一块玉后，玉匠通常会经历两个比较大的阶段：先根据玉的形状在脑海里形成一个创作方向，在玉上描摹好大致的轮廓，如一只兔子、一根树枝等；等大致的轮廓设计好并雕琢出来后，再进行每个部分的精雕细琢，直至完工。

为一段课程内容设计教学流程需要经历类似的过程，我们通常会分两个阶段去设计。

第一阶段是整体教学活动设计。这就好比从空中俯瞰一个课程，先获得课程的全貌，然后对课程进行整体设计。在这个阶段，我们需要思考并回答以下两个问题。

- 需要在哪里添加教学活动？
- 添加的教学活动应该起到什么作用，达到什么目标？

我常常听到很多人在设计课程时自言自语："这段内容特别不好讲，也没什么好讲的，我们做个讨论吧，20分钟就过去了。"这是典型的"拍脑袋"或者凭直觉去设计课程。这种方法主要是基于满足讲师的需要（我需要用教学活动来解决"内容不好讲"的问题），而不是基于学员的需要在进行设计。大脑有自己的学习规律，了解这些规律并遵循这些规律的要求来设计教学活动是设计的根本。

整体教学活动设计阶段好比在为一块玉寻找可以进行雕刻创作的大致方向。在完成这个阶段后，才能思考第二个阶段——单个教学活动设计。

第二阶段是单个教学活动设计。这个阶段的任务是对要添加的每个教学活动进行精雕细琢，包括每个教学活动的设计流程、设计细节、设计问题的措辞等，让教学活动的设计更加合理、更加贴合课程内容和实际的授课场景。在这个阶段，我们需要关注以下两类问题。

- 教学活动中的关键研讨问题的设计是否合理，是否符合教学目标，是否能满足讲师的授课需求。
- 围绕关键研讨问题的活动流程是否合理，如小组的分组方式、汇总答案的方式、学员可以使用的材料等是否合理且有效。好的研讨形式尊重学员，能吸引学员参与并最大限度地激发学员的主观能动性。

本书的第一部分为大家提供了一些具体的、可操作的框架与方法，协助大家完成上述两个阶段的设计。

第一章是为设计整体教学流程而准备的工具，即整体教学流程的设计框架。这个框架说明了一门课程从开始到结束，哪些环节需要添加教学活动，每个环节的教学活动要实现哪些教学目的。第二章是为设计单个教学活动而准备的工具，即单个教学活动的设计框架。这个框架说明了讲师在设计一个具体的教学活动时，应该遵循什么样的步骤，以及每个步骤的操作要点是什么。第三章根据人的大脑的一些认知特征和认知原理，分享了一些可以不断检查和优化教学流程与教学活动的方法，让教学流程与教学活动更加符合大脑的需求，以提升学习效率。

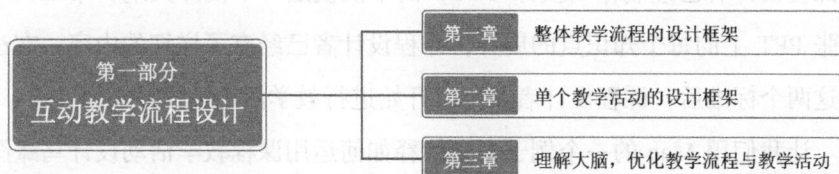

第一章　整体教学流程的设计框架

课程教学活动设计鸟瞰图

互动教学流程的设计始于哪里？始于课程内容基本完备。判断课程内容是否基本完备的标准主要有两个方面：第一，课程内容已经详细展开，即课程设计者已经制作出授课 PPT，而不仅仅是一个授课大纲；第二，对每张 PPT 上的每个知识点的展开，课程设计者已经有了详细的内容。在达到这两个标准后，课程设计者就可以开始进行教学活动的设计了。

让我们用 Mac 的一个例子，来解释如何运用课程教学活动设计鸟瞰图这个工具进行教学活动设计。如果你愿意，那么你可以带着自己的课件，跟着我们一起尝试进行设计。

Mac 是一家公司的培训专员，对新经理的培训是他众多培训项目中很重要的一个。在这个培训项目中，Mac 开发了一个"新经理的角色变化"的课程，大概要用 3 小时（具体的课程结构见图 1-1）。由于课程内容大部分是介绍性的，Mac 觉得讲起来比较吃力，不太容易抓住学员的注意力，而且单向灌输的效果也不好，因此 Mac 向我们求助，想让我们帮他设计这个课程的教学活动。

要想帮助 Mac 设计教学活动，我们需要先从整体上进行规划。为了做到这一点，我们先把 Mac 课程的关键知识点整理成一张图，以便看得更清楚，如图 1-1 所示。

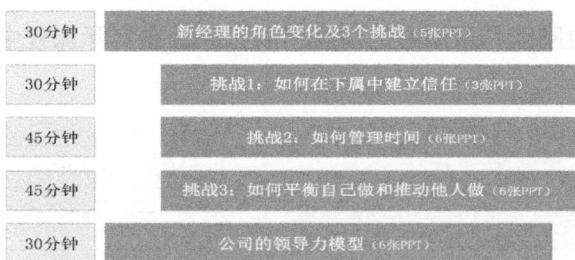

30分钟	新经理的角色变化及3个挑战 (5张PPT)
30分钟	挑战1：如何在下属中建立信任 (3张PPT)
45分钟	挑战2：如何管理时间 (6张PPT)
45分钟	挑战3：如何平衡自己做和推动他人做 (6张PPT)
30分钟	公司的领导力模型 (6张PPT)

图 1-1　关键知识点

　　Mac 现有的课程结构是围绕新经理的角色变化及 3 个挑战来展开的。首先，介绍新经理的角色变化并引入 3 个挑战，作为课程的"帽子"，大概要用 30 分钟；然后，按顺序展开介绍每个挑战的应对方法，包含一些实操的管理工具，大概要用 120 分钟；最后，以介绍公司的领导力模型收尾，大概要用 30 分钟。这是一个典型的"新经理的角色变化"的课程。

　　我们在进行教学活动设计时，最好先清晰地、图形化地把关键知识点和授课时间整理好，以便于思考哪个环节需要添加教学活动。

　　在梳理好关键知识点后，我们利用课程教学活动设计鸟瞰图，就可以用一张图（见图 1-2）分析出应该在课程的哪个环节中添加什么样的教学活动。

- 在课程开始与结束时，要分别添加一个开场活动和一个结束活动，我们要为这两个教学活动留出位置。
- 围绕课程的每个关键知识点，需要设计 3 个教学活动：在讲解关键知识点之前添加一个激活活动；在讲解关键知识点时添加一个讲解活动；在讲解完关键知识点后添加一个吸收活动。这 3 个教学活动可以看作有效传递一个关键知识点的"三板斧"。

看到这里，你可能会有以下困惑。

- 为什么需要添加这些教学活动？
- 按照课程教学活动设计鸟瞰图的逻辑设计，教学活动（17 个）是否太多了？这在实际课程中能完成吗？

为了解答以上困惑，我们需要详细梳理每类教学活动，看看它们的含义、添加的原因、添加时的注意事项，以及在实际课程中如何进行灵活调整。

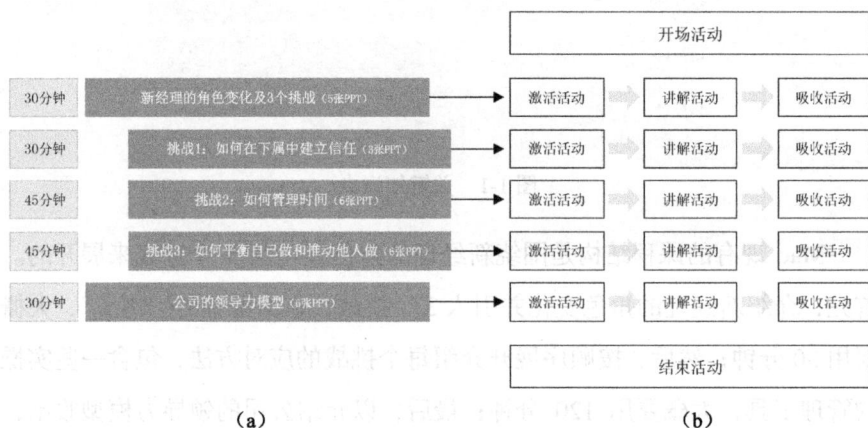

				开场活动	
30分钟	新经理的角色变化及3个挑战（5张PPT）	→	激活活动	讲解活动	吸收活动
30分钟	挑战1：如何在下属中建立信任（3张PPT）	→	激活活动	讲解活动	吸收活动
45分钟	挑战2：如何管理时间（6张PPT）	→	激活活动	讲解活动	吸收活动
45分钟	挑战3：如何平衡自己做和推动他人做（6张PPT）	→	激活活动	讲解活动	吸收活动
30分钟	公司的领导力模型（6张PPT）	→	激活活动	讲解活动	吸收活动
				结束活动	

（a）　　　　　　　　　　　　　　　　　　（b）

图 1-2　Mac 的课程教学活动设计鸟瞰图（1）

不同类别的教学活动

开场活动

根据课程教学活动设计鸟瞰图的要求，在一个课程开始时要先添加一个开场活动。

课程开始时是学员的注意力最集中、学习动机最强、记忆力最好的时候，因此不管课程的时间有多紧张，课程设计者都要设计好开场活动。通常来讲，如果课程时长为 30 分钟左右，那么讲师可以用 1~2 分钟完成开场活动；如果课程时长为 1.5~2 小时，那么讲师可以用 5 分钟完成开场活动；如果课程时长为半天或者一天，那么讲师可以用 10~20 分钟完成开场活动；如果课程时长为两天，甚至更长的时间，那么讲师可以用 1 小时完成开场活动，而且，在这种超长课程中，讲师在每一天的课程开始时都需要做开场活动。不管是在哪种时长的课程中，做开场活动的目的都是让学员为学习做好准备，让学员融入学习环境中。

讲师在开场活动中通常会用一些有趣的事情、能吸引眼球的东西来吸引学员的注意力，也会花些时间介绍自己，这些都可以，但仅仅这些还不够。讲师还应该让学员参与开场活动。开场活动需要达到如下几个目标。

- 让学员了解课程的目标和框架。"成人是目的感特别强的动物"[①]。例如，当我们到一个陌生的城市旅游时，我们会迫不及待地打开地图，先来了解这个城市有哪些好吃的和好玩的、有什么特色等，然后规划一条适合自己的旅游路线。明确目标和计划，有助于我们更好地享受这段旅程。同样地，学员在进入课程时，也需要知道这个课程是解决什么问题的、总体的教学目标是什么、课程框架是什么、学习的旅程是如何规划和展开的等。学员了解了课程的"全景图"，再学习接下来的内容才会更有掌控感、更加投入。

- 让学员主动思考自己的目标。在开场活动中，讲师最好能让学员围绕课程内容交流问题和挑战，为自己接下来的学习树立目标。在很多课程中，学员都是被邀请来参加的，他们可能不知道为什么要参加这个课程，也可能不清楚这个课程对自己的价值，这在很大程度上影响了他们的学习动机。因此，好的开场活动需要促使学员树立学习目标。而且，学习目标最好是学员自己想出来的，而不是被讲师或其他人告知的。只有这样，学员才能认可它，并激发自己学习的内在动机。

- 让学员认识自己的伙伴。对学员来说，与自己一起学习的人就是伙伴。讲师在开场活动中融入社交元素，让学员相互认识、熟悉，是非常重要的一步。因为学员对和自己一起学习的伙伴越熟悉，就会

① Beard C, Wilson J P. Experiential Learning: A Best Practice Handbook for Educators and Trainers. 2nd Edition. New York: Kogan Page, 2006: 17.

越喜欢他们[①]；越喜欢在一起学习的伙伴，学员就越能融入学习环境中；越能融入学习环境中，学员就越能开放、坦诚地分享自己的观点和问题，学员越不容易从这个环境中游离出来。

开场活动多种多样，流程千变万化。在这里，我们先为 Mac 选择一个简单且容易操作的活动："小点投票"。

活动名称：小点投票

活动引导流程：

- 讲师欢迎大家来参加课程。
- 讲师介绍课程的整体安排，把 4 个关键知识点（见下图）写在白板纸上，并张贴在教室的墙上。

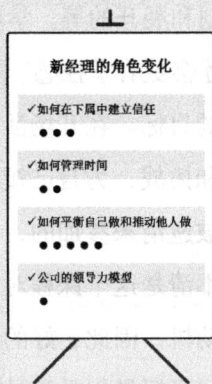

新经理的角色变化

✓ 如何在下属中建立信任
● ● ●

✓ 如何管理时间

✓ 如何平衡自己做和推动他人做

✓ 公司的领导力模型
●

- 讲师请每个学员思考自己最感兴趣的课程内容，然后起立，将小圆点贴纸（讲师需要事先为学员准备一些小圆点贴纸）贴在白板纸相对应的关键知识点下面，每个学员必须且只能贴一个关键知识点。
- 讲师请每个学员找到一个伙伴，与其交流自己贴了哪个关键知识点，以及为什么对该关键知识点感兴趣。
- 交流结束后，讲师请学员回到自己的座位上。活动结束。

[①] 戴维·迈尔斯. 看不见的影响力. 乐国安，侯玉波，郑全全，译. 北京：人民邮电出版社，2012.

活动点评：

"小点投票"活动非常适合作为课程的开场活动，只要讲师的课程可供学员选择的关键知识点不少于 3 个（当然，关键知识点越多越好，如果有 9 个及以上要讲的关键知识点，那么可以允许学员选择两个自己感兴趣的）。"小点投票"活动对场地要求不高，不过有两个成功的关键要点：第一，讲师要先详细介绍每个关键知识点要讲什么，以及该关键知识点和学员的关联，之后再让学员做选择，否则学员的选择可能是迷茫的；第二，在学员选完后，要让学员有机会和其他学员进行交流，分享自己选了什么、为什么这样选择等。交流是教学活动的灵魂，曾有一位讲师在教室的墙上画了一棵漂亮的苹果树，每根树枝都是一个关键知识点，讲师请学员根据自己的兴趣贴上苹果贴纸，可是学员在贴完后就径直回到了自己的座位上，学员间没有相互交流，仅剩下讲师在那里欣赏漂亮的苹果树，这样的活动安排实在让人遗憾。如果时间允许，那么我们可以要求每个学员在与至少另外两个学员交流自己的选择后才可以回到自己的座位上。

结束活动

课程结束也是一个关键的时间节点。这时所有的课程内容都讲完了，讲师需要一个具有仪式感的结束活动来做结尾。不管授课时间多么紧张，讲师都要留出一点时间请学员快速地做个总结。同样，如果是超过一天的课程，那么结束活动不应该仅出现在课程的最终结束环节，而应该出现在每个关键知识点、每半天、每一天的学习结束时。

一个好的结束活动应该满足如下几个要求。

- 要让学员有机会回顾所有课程内容。课程内容的重复出现，对于加深学员对课程内容的记忆非常关键。如果没有回顾活动，很多关键知识点只是讲师讲授一遍，那么学员遗忘的概率是非常大的。因此，在课程结束时，讲师需要组织学员把所有课程内容都回顾一遍。这时要特别注意，实施"回顾"这个动作的主体应该是学员，而不是讲师。

- 要让学员有机会感谢其他伙伴，互相祝贺学习结束。在课程结束时，讲师让学员互相鼓励、互相感谢、依依惜别，通过这些情感性的元素来加强学员对课程的记忆。

结束活动有非常多的选择。在这里，我们给 Mac 推荐了一个简单且容易操作的活动："快速结束"。

活动名称：快速结束

活动引导流程：

- 讲师请每个学员和自己旁边的学员组成一组。
- 在小组内，两个学员需要共同完成一个学习任务：从头到尾翻阅学员手册和自己所记录的所有课堂笔记（可以一边翻阅一边讨论），之后，两个学员互相分享"我从今天的课程中得到的最大收获是什么"。
- 分享结束后，讲师请学员互相感谢，并宣布课程结束。

活动点评：

"快速结束"活动简单且容易操作，不需要讲师事先设计和准备教学材料，用时也比较短。如果讲师没有为自己的某次课程精心准备结束活动，那么讲师可以采用"快速结束"活动；如果讲师想增加这个活动的强度，那么讲师可以在两个学员之中选择一个学员作为"老师"，让另一个学员作为"学生"，并让"老师"用5分钟的时间快速地把当天的课程内容概述给"学生"，而"学生"的任务就是向"老师"提问，且"学生"提的问题越多越好。这样的设计能让两个学员兴趣盎然地完成这个活动。

好了，让我们看一下 Mac 的课程教学活动设计鸟瞰图（见图 1-3），此时开场活动和结束活动已经填充完毕了。

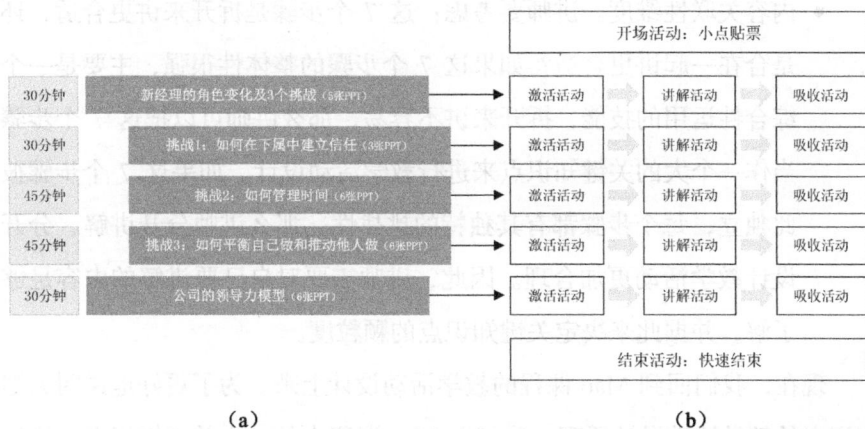

图 1-3　Mac 的课程教学活动设计鸟瞰图（2）

接下来，我们要为每个关键知识点设计教学活动了。

在开始设计之前，我们先来看关键知识点是什么。在 Mac 的课程中，我们找到了 5 个关键知识点［见图 1-3（a）］：新经理的角色变化及 3 个挑战、分别应对 3 个挑战的方法（包括 3 个关键知识点）、公司的领导力模型。在实际操作中，讲师往往对关键知识点的颗粒度有困惑：什么样的知识点是关键知识点呢？这个知识点的内容量有多大？讲授时间要多长？为了解决这些困惑，我们先来看一个例子。一个讲师在给学员讲解"客户拜访的七步法"。在这里，讲师既可以把"客户拜访的七步法"作为一个关键知识点，又可以把"客户拜访的七步法"分成 7 个关键知识点。那么，在这两种分法中，究竟哪个颗粒度比较合理呢？答案是可能都合理。这里无法给出一个简单的"一刀切"的判断标准，需要具体问题具体分析。但通常来说，讲师可以从以下两个维度来考量。

- 时间维度。如果讲师用半天的时间讲解"客户拜访的七步法"，这样每个步骤可以讲 30 分钟左右，那么可以把每个步骤作为一个关键知识点，分别进行教学活动设计。如果讲师只用一小时的时间讲解"客户拜访的七步法"，对每个步骤的讲解只有 8 分钟左右的时间，那么应该把"客户拜访的七步法"作为一个关键知识点来进行教学活动设计。

- 内容关联性维度。讲师要考虑：这 7 个步骤是拆开来讲更合适，还是合在一起讲更合适？如果这 7 个步骤的整体性很强，主要是一个综合性运用的技能，拆开来讲不容易，那么讲师可以把这 7 个步骤当作一个大的关键知识点来进行教学活动设计。如果这 7 个步骤彼此独立，每个步骤都有其独特的挑战性，那么讲师分开讲解、分开设计教学活动更加合理。因此，讲师需要对自己要讲解的内容足够了解，并据此来决定关键知识点的颗粒度。

现在，我们回到 Mac 课程的教学活动设计上来。为了更好地说明关键知识点的教学活动设计原理，我们以 Mac 课程中的一个关键知识点"挑战 1：如何在下属中建立信任"为例来进行说明。

围绕这个关键知识点，Mac 的授课 PPT 只有 3 张（每张 PPT 中的知识要点见图 1-4），大概需要用 30 分钟来讲解。从 PPT 中的知识要点中可以看出，Mac 要讲解的内容比较抽象，他如果不做教学活动设计，就需要具备非常强的讲解与呈现能力，才能抓住学员的眼球，以及促进学员对关键知识点的理解。但是，有些讲师的讲解与呈现能力并不强，因此其授课效果就不理想。而添加了有效的教学活动，就可以让讲师不过度地依赖讲解与呈现能力，同时可以确保较好的授课效果。

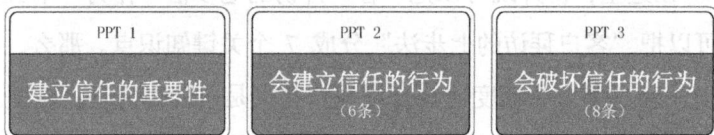

PPT 1	PPT 2	PPT 3
建立信任的重要性	会建立信任的行为 （6条）	会破坏信任的行为 （8条）

图 1-4 每张 PPT 中的知识要点

根据 Mac 的课程教学活动设计鸟瞰图，针对每个关键知识点，讲师都需要设计 3 个教学活动（见图 1-5）：（前）激活活动、（中）讲解活动、（后）吸收活动。这 3 个教学活动紧密相关：激活活动让学员的大脑准备好去吸收新知识；讲解活动可以引入新知识；吸收活动则能确保学员可以将自己学到的新知识进行应用。可以说，这 3 个教学活动紧密衔接，是讲师有效传递一个关键知识点的"三板斧"。

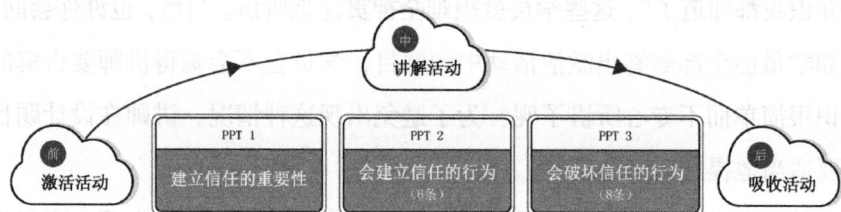

图 1-5 围绕关键知识点的 3 个教学活动

激活活动

激活活动是指讲师在给学员讲解新知识之前，先请学员"预热"一下自己的大脑，思考自己关于这项知识已经了解了什么、掌握了什么等。

为什么要在讲师讲解新知识之前添加激活活动呢？这与运动员在开始马拉松比赛之前必须先做一些热身活动的道理是相同的。马拉松运动员先做一些热身活动，待其身体相对舒展开后再进行高强度的运动，其身体就能更好地适应高强度的运动，这样可以降低受伤概率。学员的大脑也是如此。在上课的过程中，学员的大脑要进行激烈的思考活动，要理解和吸收很多新知识。因此，在开始思考、理解和吸收新知识之前，学员的大脑先动起来，学员的大脑中同新知识相关的记忆被激活，当讲师引入新知识时，学员的大脑就能更快地理解和吸收新知识。

激活活动还有一个好处，那就是激发学员学习新知识的动机。因为有的激活活动是让学员在正式学习新知识之前先自己尝试解决一个问题，在这个过程中，学员会认识到自己在这方面的认知不足，从而更加愿意听讲师讲解新知识。

例如，一个讲师想给学员讲解工作中的安全保密条款。在讲解之前，他先请学员做 10 个与安全保密条款相关的选择题或者填空题，如果学员发现有很多题目自己都不知道答案，那么在讲师讲解这些条款时，学员会更加认真听讲。但是，如果讲师没有用做选择题或者填空题这样的激活活动，那么有些学员可能意识不到讲师要讲解的知识的难度有多大，或者觉得"这些知识我都知道了"，这些学员就很难全神贯注地听讲。当然，也许你会问，假如学员能全部解答出激活活动中的题目，学员会不会觉得讲师要讲解的知识很简单而不专心听讲了呢？为了避免出现这种情况，讲师在设计题目时要适当地提升题目的难度。

总而言之，激活活动的目的在于消除学员被动与抵触的心理，唤起学员对学习的兴趣与好奇心，促使学员思考讲师要讲解的知识，让学员进入思考的"快车道"。

常见的激活活动有以下两类。

- "考一考"类。这是最常见的一类激活活动，是指讲师在给学员讲解一个关键知识点之前，先请学员完成一个小测试（上文中针对安全保密条款设计选择题或者填空题的教学活动就属于这种类型），让学员自己先尝试分享自己已经知道了什么、试着解决一个问题，或者同其他学员讨论某个挑战。这样的活动可以让学员快速识别自己已经知道了什么，或者激活学员已有的思考与行为模式。
- 挑战与期望类。这是另一类常见的激活活动，是指讲师在给学员讲解一个关键知识点之前，先请学员思考围绕要讲的关键知识点，自己目前在工作中遇到的问题和挑战是什么，或者自己想学习哪些内容。例如，讲师要给学员讲解"向上沟通五步法"，讲师可以先做一个激活活动，请学员罗列目前自己在与上级沟通时遇到的问题和挑战。

通过上面的讲解，我们理解了激活活动的含义。接下来，我们为 Mac 的关键知识点"挑战 1：如何在下属中建立信任"设计一个激活活动："标注活动"。

活动名称：标注活动

活动引导流程：

- 讲师请学员阅读案例"小张的一次团队会"（讲师可以事先把这个案例打印在学员手册上），并在案例中用绿色笔标出有助于增强下属对管理者的信任的行为，用红色笔标出可能会破坏下属对管理者的信任的行为。

案例分析

× × × × × × × × × × ×
× × × × × × × × × × ×
× × × × × × × × × × ×
× × × × × × × × × × ×
× × × × × × × × × × ×
× × × × × × × × × × ×
× × × × × × × × × ×
× × × × × × × × ×

学习任务：请在案例中用绿色笔标出有助于增强下属对管理者的信任的行为，用红色笔标出可能会破坏下属对管理者的信任的行为，并与自己的组员进行交流。

- 学员做好标注后，以小组为单位，逐个分享自己的答案。
- 讲师公布答案。

活动点评：

这是一个典型的"考—考"类激活活动。讲师借助一个案例，请学员思考自己对建立信任的理解。这样讲师在逐条讲解各项行为时，学员就能更好地理解。

"标注活动"适用于讲师有阅读材料给学员看，并希望学员能够进行分析的授课场景。例如，讲师有一个案例希望学员阅读，与讲师自己解读这个案例相比，我们更建议让学员在课堂上自己阅读，这样效果会更好。而且，阅读一定要有输出，讲师可以让学员在小组内讨论并发言，还可以设计"标注活动"，请学员把对自己有启发的、有意义的或者自己感到困惑的内容，用不同颜色的笔进行标注。这既符合人的阅读习惯，又可以使学员有清晰的阅读目标；既可以降低学员的配合难度，又可以提高活动的趣味性。

激活活动容易被一些经验不太丰富的讲师忽略，他们只专注于讲解课程的关键知识点，而错失了一个非常关键的让学员思考的环节。一些经验丰富的讲师通常会在讲解新知识点之前先向学员提问，以便进行后面的讲解。这种提问唯一的缺点是形式比较单一且提问效果不容易把控。

我们希望，通过阅读本部分内容，讲师能够理解激活活动的价值与作用，能有意识地进行激活活动的设计。而且，还可以有多种不同的形式。因此，我们建议讲师开发更多有趣的激活活动，让学员更容易被激活、更乐于参与，进而更好地实现激活活动的目的。

讲解活动

讲解活动是指讲师在具体讲解关键知识点时可以开展的教学活动。你可能会问，这时讲师在做各种解释、说明，能做的只有通过举例子、讲故事、讲笑话来活跃气氛，还需要有教学活动吗？其实，这个环节非常需要一些教学活动来辅助。

在讲解这个环节中设计教学活动的目的在于战胜大脑的网状激活系统。什么是网状激活系统？打个比方，网状激活系统就是我们大脑的"守门人"。大脑每时每刻都在接收大量的信息，但并不是所有的信息都会被大脑处理，只有一小部分信息会真正被大脑处理，其他大量的信息都被大脑屏蔽在外了[①]。

　　举个生活中的例子，一个人每天开车从家里到工作单位都会走固定的路线。有一天，在这个人到了工作单位把车停好后，一个记者走上前去问："先生，你在今天上班的路上看到了什么？"这个人可能挠挠头说："没什么呀，没什么特别的。我什么都没看到。"这就是一个典型的大量信息被网状激活系统屏蔽在外的例子。一个人在开车时不可能没有看到路况、指示牌、指示灯、道路两边的风景等，但因为这一切对他来说已经重复过无数次了，过于枯燥，所以他的大脑开始进行自动化处理，对这些信息没有分配特别的注意力。他的大脑没有真正地思考这些信息，于是这些信息就被忽略了。但是，如果某天他在上班的路上看到了一起车祸，那么在记者访问他时，他一定会想起来，原因在于车祸对他来讲是新奇和特殊的，这些信息突破了网状激活系统的屏蔽，被大脑识别和处理了。

　　大脑倾向于关注新奇的、不一样的事情。网状激活系统这个"守门人"会把这类事情所传递的信息放入大脑中，并忽略重复的、枯燥的、没有新意的事情。这也是授课效果好的讲师常常通过使用故事、案例、数字对比、比喻、图片等元素增强课程的趣味性来抓住学员注意力的原因。

　　此外，大脑还有一个特征也非常值得讲师注意——对大脑来说，一件比较新奇的事情，在 10 分钟后就会变成枯燥的、重复的、没有新意的事情。所以，对讲师授课来讲，10 分钟是一个比较关键的时间节点。在鲍勃·派克（Bob Pike）的《重构学习体验：以学员为中心的创新性培训技术》[②]一书中，鲍勃·派克甚至认为大脑能集中注意力的时间更短——只有 8 分钟。

　　讲师在授课时，要特别关注 10 分钟这个时间节点。因为这个时间节

---

① 约翰·梅迪纳. 让大脑自由：释放天赋的 12 条定律（经典版）. 杨光，冯立岩，译. 杭州：浙江人民出版社，2009.

② 鲍勃·派克. 重构学习体验：以学员为中心的创新性培训技术. 孙波，庞涛，胡智丰，译. 南京：江苏人民出版社，2015.

点一到，学员的关注度就有可能下降，学员的注意力就可能变得不那么集中，所以讲师需要在这个时间节点上做一些事情来重新吸引学员的注意力，从而从学员的大脑中赢得下一个 10 分钟。那么，如何重新吸引学员的注意力呢？有很多传统的做法，如讲故事、讲笑话、播放视频等。在这里，我们关注的核心是如何利用一些快速而简短的互动，既不会将课程内容分隔太开，又能重新吸引学员的注意力。因此，讲解活动是指可以让学员一边听讲解，一边跟随完成的教学活动。在设计这类教学活动时，一般可以从以下两个方面来考虑。

- 调动类活动。讲师把冗长的课程内容切分成 10 分钟左右的小段，在每个 10 分钟课程内容的节点上都做一个调动学员的活动，如请学员做一个调查、请学员在纸上做些记录、请学员起立寻找伙伴交流一下等。这个活动的时间不宜太长，1~2 分钟即可。在做完这个活动后，学员对接下来 10 分钟课程内容的吸收效果会更好。

- 伴随类活动。为了让学员专心听讲，讲师可以设计一些让学员能边听边做的事情，并给学员设定一个小目标让学员去完成。例如，讲师讲解安全保密条款需要 30 分钟，比较难保持学员的注意力。这时，讲师可以给每个学员发一支笔，请学员在这些条款上做标注（讲师可以事先把这些条款打印在学员手册上）。做标注的要求：如果学员了解某一条款，学员就可以在该条款前画一个星星；如果学员不了解某一条款，学员就在该条款前画一个圆圈。这个活动就属于伴随类活动，给学员设定一个清晰、合理的目标使其去完成。学员一旦有了目标感，通常都愿意配合。在讲完这些安全保密条款后，讲师还可以调查一下，看哪个学员画的圆圈最少，并给予其鼓励。

现在，我们再回到 Mac 课程的关键知识点上。"挑战 1：如何在下属中建立信任"这个关键知识点的内容有 3 张 PPT，内容较多，讲解时间超过了 10 分钟，因此我们为 Mac 设计了一个"自我测评"活动。

活动名称：自我测评

活动引导流程：

- 讲师先介绍"有助于增强下属对管理者的信任的行为"的含义和特征，大概用时 10 分钟。

- 在讲解完后，讲师请学员在每项行为后给自己做一个快速的测评（讲师可以事先把各项行为打印在学员手册上）：如果自己很少做出这项行为，就对该项行为打 1 分；如果自己有时会做出这项行为，就对该项行为打 2 分；如果自己经常做出这项行为，就对该项行为打 3 分。打分过程大概用时 5 分钟。

自我测评

为你自己打个分吧

　　　　① 　② 　③

1. ××××××
2. ××××××
3. ××××××
4. ××××××
5. ××××××
6. ××××××
7. ×××××

- 讲师介绍"可能会破坏下属对管理者的信任的行为"的含义和特征，大概用时 10 分钟。

- 在讲解完后，讲师请学员依照第二项的测评流程，为自己做一个测评。

活动点评：

经过这样的设计，我们把"挑战1：如何在下属中建立信任"这个关键知识点的内容切分成两段，这样就能照顾到学员大脑网状激活系统的特点与需求，更好地确保学员的注意力不会因为讲师的讲解时间过长而被影响。

"自我测评"活动的适用范围广泛，它也可以被用作激活活动，即讲师在讲解某些知识之前，先请学员做一个自我测评，预估自己对该知识的了解程度。由于我国的学员比较谦虚，因此大多数学员都不会给自己满分（即使他们可能已经了解很多或做得很好）。讲师可以请学员在小组内分享自己的分数，并且分享没给自己打满分的理由、在哪些方面还需要改进等。这样的设计会比讲师单纯地提问"我要讲这个主题了，先请大家说一下自己都遇到了什么挑战"要好很多。在进行"自我测评"活动时需要注意一点，在要求学员给自己打分时，讲师可以强调，这只是一个让自己更加清晰学习侧重点的过程，讲师并不会看学员的打分结果，因此学员可放宽心，认真思考，如实作答。

讲解活动也经常被很多讲师忽略。一些讲师在课程开始时可能会调动学员进行各种活动，课堂气氛非常热闹，可一旦进入内容讲解，课堂气氛就马上沉寂下来，其中一个重要原因就是讲师在进入内容讲解后，往往在几十分钟甚至一两个小时之内都是自己在讲，没有调动学员，受网状激活系统的影响，学员可能已经走神好几次了。因此，讲师把自己的长篇大论切分成小段，再配以调动类或伴随类的教学活动，是调动学员积极学习的有效手段。

吸收活动

围绕讲解每个关键知识点的最后一个教学活动是吸收活动。顾名思义，吸收活动的目的是帮助学员更好地吸收和理解讲师所讲解的知识，促进学员所学知识的转化。

吸收活动为什么很有必要呢？我们可以想象一下，有一个一岁的小宝宝，妈妈给他做了一碗好吃的鱼肉粥，打算喂给他。如果妈妈在把第一口送到小宝宝嘴里后，紧接着又送第二口、第三口，会发生什么？小宝宝很可能会被噎住，所以这样喂肯定不行。有育儿常识的妈妈一定会这样：先喂一口，督促小宝宝嚼一嚼并咽下去，在确认小宝宝咽下去后，才会喂第二口。

讲师给学员讲解知识点与喂小宝宝是同样的道理。如果在讲解完一个知识点后，讲师紧接着讲下一个知识点，学员会觉得疲乏，大脑好像被"噎住"了。所以，讲师也需要创造一个让学员"嚼一嚼并咽下去"的动作，以防止学员的大脑被"噎住"。那么，在课堂上如何让学员"嚼一嚼并咽下去"呢？按照我们的理解，就是让学员能够就刚刚所学习的知识做分享、做交流、做记录、做实验、做练习，这些都属于消化和吸收知识的动作。这个吸收动作的关键是，让学员用自己的语言和方式去建构讲师所讲的知识。学员只有经过自己的建构，把这些知识变成自己能输出的东西，才能把讲师所讲的知识变成自己的知识。

在设计吸收活动时，讲师可以从以下两个方面来考虑。

- 设计吸收活动的关键在于使吸收活动和教学目标相匹配。围绕某个关键知识点，讲师先要想明白需要学员达到什么样的教学目标。如果需要学员记住某个关键知识点，讲师就可以设计一个小测验，来检测学员是否记住了该关键知识点；如果需要学员理解某个关键知识点，讲师就可以设计一个分享或者讨论活动，看学员是否能用自己的话去阐述该关键知识点；如果需要学员能够应用某个关键知识点去解决问题或者进行某些操作，讲师就可以设计角色扮演、案例分析或者其他操练性活动，来确保学员能将所学知识运用到实际中。
- 讲师可以设计多个吸收活动，有层次地帮助学员掌握所学的知识。我们在爬山时，经常会发现有些台阶非常高，有些游客手脚并用才能爬上去，这说明那些台阶的高度对这些游客来讲具有挑战性。如果让你去改造，你会怎么做呢？对了，在过高的台阶前加一级较矮的台阶，这样游客爬起来就容易多了。这和讲师设计吸收活动的场景很像，如果讲师所讲解的知识应用起来比较难，讲师就可以设计一个"较矮的台阶"似的教学活动，辅助学员先做简单的练习。例如，WBS（Work Breakdown Structure，工作分解结构）是项目管理中一个重要的工具，用来分解项目中的工作。一位讲师在给学员讲解完 WBS 的概念、使用方法后，想请学员对自己现在正在执行的项目进行分解。但是，很多学员是第一次接触 WBS，仅仅听了讲师对 WBS 概念和使用方法的介绍，可能了解得不够清楚，很难立即应用起来。因此，在做正式的练习前，讲师请学员先围绕"全家出去旅游"这个生活中的小话题，运用 WBS 进行分解练习，之后再请学员分享与交流练习结果、练习中遇到的困难和挑战，最后讲师给予反馈和辅导。通过完成这个小练习，学员进一步理解了 WBS 的概念和使用方法，之后在对自己现在正在执行的项目进行分解时，就顺畅了很多，也更好地掌握了 WBS 的使用方法。

接下来，让我们为 Mac 课程的关键知识点添加一个吸收活动吧。针对"挑战 1：如何在下属中建立信任"这个关键知识点，Mac 需要学员理解即可，因此我们设计了一个能让学员坦诚交流、增进对这些行为理解的活动："起立分享"。

活动名称：起立分享

活动引导流程：

- 讲师请每个学员起立并与其他学员组成 3 人小组。每个学员在前面听讲的过程中已经对自己的各项行为做了评分并记录在学员手册上了，这时他们需要带着学员手册起立并参与这个分享活动。
- 第一轮分享：每个学员在自己的小组中分享自己在哪些有助于增强下属对管理者的信任的行为上得分比较高（意味着这些行为自

己做得比较频繁），并分享自己关于这些高分行为的管理经验。

- 在第一轮分享结束后，原来的小组解散，每个学员再寻找另外两个不同的学员，组成新的3人小组。

- 第二轮分享：每个学员在自己新组建的小组中分享自己在哪些可能会破坏下属对管理者的信任的行为上得分比较高（意味着这些行为自己做得比较频繁），并分享自己做出这些行为的原因，以及未来自己可以如何改进。

- 在两轮分享结束后，学员感谢互相分享的伙伴，回到自己的座位上。

活动点评：

通过"起立分享"这个活动，学员可以交流自己对这些行为的理解、目前的表现情况、未来的改进计划等。像这样把所学的知识与自己的应用情境和现状相结合，就是教学活动设计中的吸收活动。

"起立分享"活动非常适合作为吸收活动。在这里讲师需要做好两件事。第一，为学员找到需要分享的伙伴。学员需要起立，因为起立可以有效地促进大脑思考。人在起立时可以让更多的血液从四肢流向大脑，人会更加清醒、更加专注。如果要起立交流，学员要找的伙伴最好不是本小组的组员。第二，设计一个合适的分享题目。分享题目旨在促进学员吸收所学的知识，经常使用的分享题目包括以下几个。

- 在讲师刚才的讲解中，哪些内容对你最有帮助、最有启发意义？

- 在讲师刚才的讲解中，哪些内容是你之前没有听到过的，或者和你之前的理解与认知不一致的？

- 在听完讲师刚才的讲解后，你想尝试的一个方法是什么？

- 在讲师刚才讲解的方法中，哪些环节你觉得较难？哪些环节相对容易？哪些环节是自己过去操作过的，当时的感受是什么？

至此，我们为"挑战1：如何在下属中建立信任"这个关键知识点完成了教学活动的设计，其他关键知识点的教学活动的设计都可以参照该关键知识点，按照激活活动、讲解活动和吸收活动的逻辑进行教学活动设计。这样，一堂课的教学活动就设计完毕了。现在，让我们来看 Mac 的课程教学活动设计鸟瞰图变成什么样了（见图 1-6）。

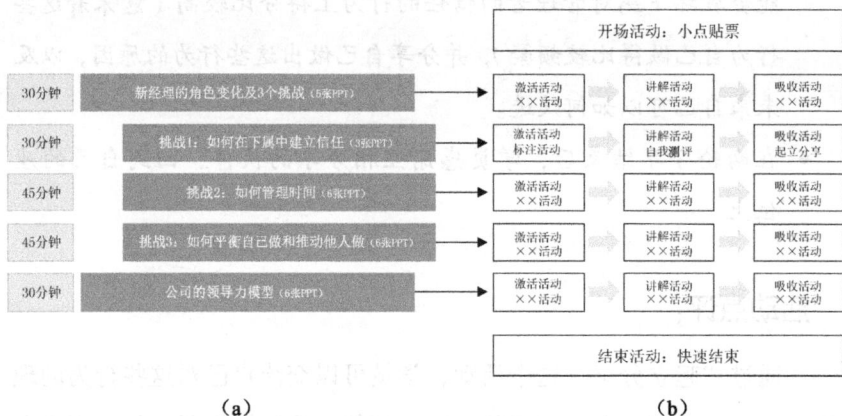

图 1-6　Mac 的课程教学活动设计鸟瞰图（3）

使用课程教学活动设计鸟瞰图的注意事项

通过前面的介绍，我们已经理解了如何为一个课程设计整体教学流程，课程教学活动设计鸟瞰图给我们的指导是：在课程开始和结束时，添加适当的教学活动；在分解课程中的关键知识点后，为每个关键知识点匹配激活活动、讲解活动和吸收活动。但是，许多讲师认为教学活动太多了。以 Mac 的课程为例，Mac 的课程包括 5 个关键知识点，难道要在课堂上做 17 个教学活动吗？

按照成人学习原理的要求，答案是"是的"。这样的设计可以最大限度地确保学员的充分参与、确保学员对知识的充分吸收。但是在真正的课堂上，教学活动的设计还受到教学时间及讲师引导能力的限制。因此，如果这样设计教学活动，那么 3 小时可能不够用，又或者这样的设计对 Mac 的要求太高——Mac 需要不停地引导和实施多种教学活动。因此，我们总结了在使用课程教学活动设计鸟瞰图时需要注意的几个事项。

把有限的教学活动时间留给重要的、有挑战性的关键知识点

当讲师把课程中所有的关键知识点都梳理清楚后，要区分这些关键知识点的重要性、难度及是否需要学员掌握。非常重要、难度大、需要学员掌握的关键知识点需要重点讲解与练习，因此要确保这些关键知识点的 3 个活动（激活活动、讲解活动和吸收活动）要做全。其他关键知识点则可以只做部分教学活动。

例如，在 Mac 的课程中，第一个关键知识点"新经理的角色变化及 3 个挑战"是一个总括性的知识点，不太重要，也不难理解，而且需要学员掌握的知识很少，因此对这个关键知识点只做讲解即可，不需要做激活活动和吸收活动。

又如，"公司的领导力模型"这个关键知识点不是讲师的重点，学员在日常管理工作中应该经常看到这个模型，所以讲师只需做激活活动，让学员回忆、回顾公司的领导力模型即可，而无须每一条都详细地讲解。

经过筛选和删减，Mac 的课程教学活动设计鸟瞰图就变成图 1-7。

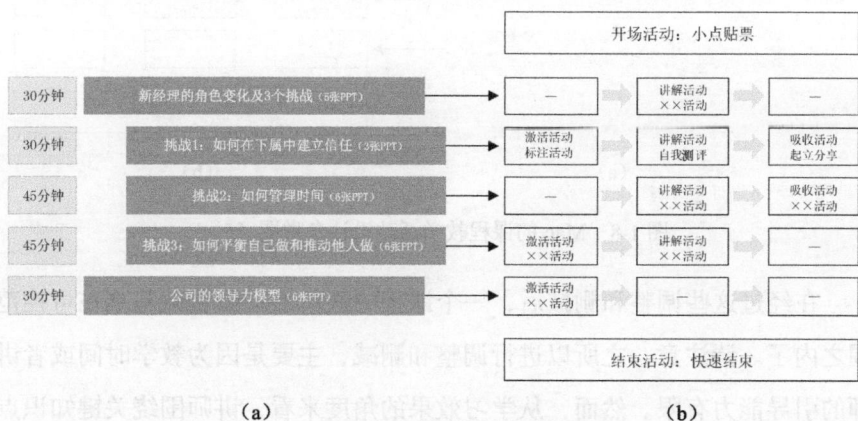

图 1-7　Mac 的课程教学活动设计鸟瞰图（4）

在这样设计后，整个课程共包含 11 个教学活动，其中有很多是讲解活动，这样时间就比较可控。

有些激活活动和吸收活动可以合并

如果课程中的几个关键知识点之间的关联性比较强，那么可以为这几个关键知识点做统一的激活活动或者吸收活动。例如，在讲解几个关键知识点后，讲师围绕这几个关键知识点，设计一个时间稍长的交流与研讨，让学员把这些关键知识点一起吸收与应用。不过这里需要注意的是，合并的关键知识点不要太多，如不能在连续讲解 10 个关键知识点之后才做一个吸收活动，这样学员的吸收效果不好，因此要确保一定的吸收频率。

继续以 Mac 的课程为例，3 个挑战相对来讲关联性比较强，讲师可以在讲解完 3 个挑战后，做一个"起立分享"的吸收活动，当然活动的细节需要调整。这时，Mac 的课程教学活动设计鸟瞰图就变成图 1-8。

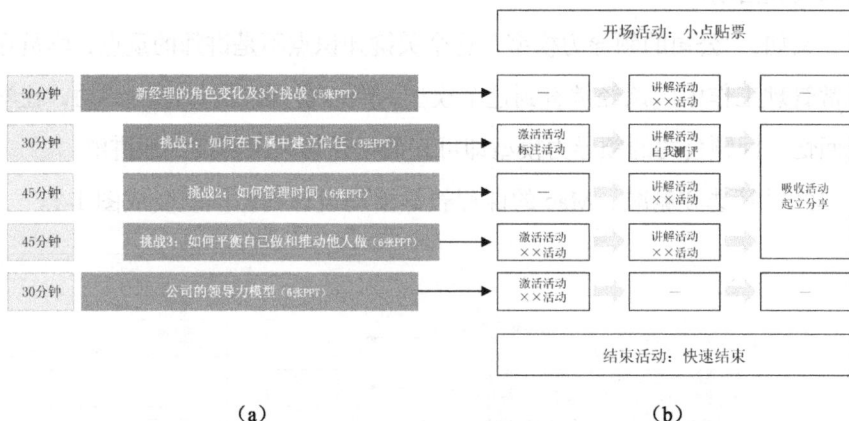

图 1-8　Mac 的课程教学活动设计鸟瞰图（5）

在经过这些调整和删减后，一个课程的教学活动数量就基本在可控范围之内了。请注意，之所以进行调整和删减，主要是因为教学时间或者讲师的引导能力有限。然而，从学习效果的角度来看，讲师围绕关键知识点设计出足够的教学活动，更利于学员吸收与应用。

线上课程的设计

　　培训课程的线上化是一个大的趋势，随着技术支持手段的进步，未来越来越多的讲师可能需要在线上平台开设线上课程。在开设线上课程时，讲师要面临以下挑战。

- 通常，线上课程的时间比线下课程短。与几天甚至几个星期的线下课程相比，线上课程更加碎片化、系列化，即使是直播，通常也只有 1~2 小时，微课甚至只有几分钟。在这种情况下，讲解课程内容的时间显得尤为宝贵。

- 线上课程吸引学员注意力的难度更大。在一些场景中，学员完全在自主管理下学习，学员极易被周围的工作或者其他更有趣的信息吸引。

- 现有的线上平台的功能还不能完全支持讲师进行复杂的教学活动设计。例如，讲师有一个非常理想的游戏，可以带领学员一起讨论领导力，但是在现有的线上平台上这个游戏很难完成。

　　既然有这么多挑战，那么讲师还需要在线上课程中设计教学活动吗？我们认为，由于线上课程吸引学员注意力的难度更大，因此讲师更需要对自己的课程进行设计，融入一定的教学活动，以确保线上课程的效果。那么，在进行线上课程设计时，讲师需要注意什么呢？线上课程的设计与线上授课场景紧密相关，不同线上平台的形式与操作方法差异较大，因此我们就不同的线上授课场景与大家分享一些教学活动设计方法。

　　在进行分类介绍前，我们希望先就一个大的原则达成共识——前面所讲的课程教学活动设计鸟瞰图在线上课程中也是适用的。讲师在准备线上课程时，同样需要先划分关键知识点，然后为每个关键知识点设计激活活动、讲解活动和吸收活动；同样需要在线上课程（不管何种形式）中添加开场活动与结束活动。课程教学活动设计鸟瞰图的框架基本保持不变，但是由于线上平台的各种限制，在设计教学活动时，讲师会受到很多约束。所以，在接下来的内容中，我们会介绍如何在有限制条件的线上平台中设计课程教学活动设计鸟瞰图框架中的各类教学活动。

线上课程的教学活动设计与线上授课场景紧密相关。所以，我们先对线上授课场景进行分类。在图 1-9 中，我们按照讲师与学员是否需要同时在线和学员是否露出脸部这两个维度进行了梳理。按照这种场景分类方式，线上授课场景可以被分成三类，不同类别的线上授课场景所具备的资源与面临的挑战不同，讲师在设计教学活动时所采用的方法与技巧也有所不同。

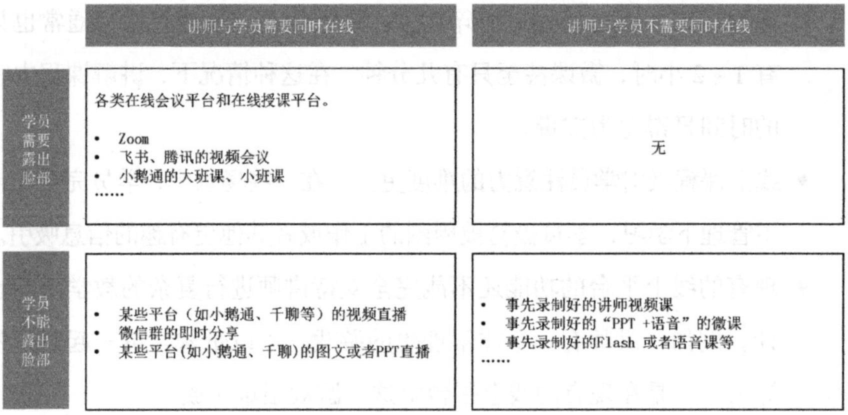

	讲师与学员需要同时在线	讲师与学员不需要同时在线
学员需要露出脸部	各类在线会议平台和在线授课平台。 • Zoom • 飞书、腾讯的视频会议 • 小鹅通的大班课、小班课 ……	无
学员不能露出脸部	• 某些平台（如小鹅通、千聊等）的视频直播 • 微信群的即时分享 • 某些平台（如小鹅通、千聊）的图文或者PPT直播	• 事先录制好的讲师视频课 • 事先录制好的"PPT +语音"的微课 • 事先录制好的Flash 或者语音课等 ……

图 1-9　线上授课场景的分类

注：几乎所有直播式培训都提供"录制"或者"回放"功能，在使用"回放"功能时，讲师与学员可以不同时在线。我们在设计教学活动时，暂不考虑"回放"功能。

第一类线上授课场景：讲师与学员需要同时在线，学员需要露出脸部

在这种线上授课场景中，讲师与学员通常使用在线会议平台、在线授课平台等直播平台。在这类直播平台中，讲师与学员同时登录，少则几个人，多则几百人。在直播中，讲师与学员可以看到彼此的脸。虽然不同的直播平台的功能略有差别，但是对培训与教学来讲，这类直播平台都提供了一些非常有用的功能，如学员分组、共享屏幕、共享白板（可以同时标注）等。

这类直播平台的功能和操作方式对教学活动设计是非常友好的，可以支持较长时间的培训，用这类直播平台进行 1~2 小时甚至半天的授课，问题都不大。利用这类直播平台的功能，讲师在线上课程中也可以完成很多线下课程中的教学活动。

例如，我们曾经使用 Zoom 平台为某企业的内部讲师讲授培训课程开发的技巧，来自不同地方的近百位学员同时在线。上午是讲师授课时间，下午是学员分小组共同开发课程的时间。在每天的培训课程开始时，我们都开展不同的教学活动。第一天，我们先请学员在白纸上准备好自己的相关介绍信息（如所在城市、部门、家乡等），然后通过随机分组，把学员分成 3 或 4 人的小组，并请他们在小组内部交流这些信息。在 5 分钟后，我们结束小组讨论，让学员从分组状态回到全班在一起的状态。第二天，我们先在屏幕上展示了一张中国地图的图片，并请学员用标注的方式在自己的家乡区域写出自己家乡的特色菜或者特色物。以上这些教学活动，学员都非常乐于参与，学员的积极性和主动性在课程开始时就被激发了。

又如，讲师要给学员讲解"人的学习动机"这个关键知识点。围绕该关键知识点，讲师设计了一个讲解前的激活活动：先请学员观看屏幕上的一道连线题，题目分两列，左侧一列是各种激发人学习的动机，右侧一列是"内在动机"和"外在动机"这两个分类。讲师想带领学员把左侧的各种激发人学习的动机分别连到右侧的两类动机上。在实际授课过程中，讲师每拿出一个动机，都请学员先自己思考并给出自己的答案（该动机是内在动机还是外在动机），接下来讲师分享自己的答案，在屏幕上进行连线，并进行深入讲解。

第二类线上授课场景：讲师与学员需要同时在线，学员不能露出脸部

在这种线上授课场景中，线上平台会把屏幕分成两部分：授课区和讨论区（或评论区）。在授课区，讲师要显示 PPT 等课程内容，可以露出或者不露出脸部。在讨论区（或评论区），学员可以留言、提问、回答等。因为学员不能露出脸部，因此与第一类线上授课场景相比，讲师对学员的约束感大大降低，甚至连最基本的学员出席率都很难得到保障，这都向讲师设计教学活动提出了极大的挑战。

但是，在理论上是存在现场互动的可能性的，因为学员可以在讨论区（或评论区）向讲师提出问题、回答讲师的问题等。有些线上平台设计了点赞、给讲师发红包等多种功能，目的是营造更加热烈的课堂氛围。

在这种线上授课场景中，最有效的互动方式是讲师在授课过程中提出好的、吸引学员的问题。在这种讲师约束力比较小的情况下，讲师可以多设计选择题或者判断题，而非开放式的思考题。选择题与判断题有清晰的对错标准，学员的好奇心会比较强，同时，学员在讨论区（或评论区）回答问题时，学员的操作也很简单——输入一个字母或者输入"对"或"错"，简单的操作能提升学员的参与意愿。

讲师可以在讲解一个关键知识点之前设计一个题目，来激活学员对这个关键知识点的认知；在讲解完后再设计一个难度稍大的题目，让学员来挑战与演练。

第三类线上授课场景：讲师与学员不需要同时在线，学员不能露出脸部

这类线上授课场景与传统的 E-Learning 类似。在这种线上授课场景中，课程的互动性设计在很大程度上取决于课程的录制方式和线上平台允许互动的功能设置。有些线上平台允许学员在学习过程中在终端进行拖动、连线、选择等操作，这样可以提升课程的互动性，使学员可以参与讲师的授课过程。有的录制方式是把讲师的授课过程做成纯视频，学员只能观看，不能进行任何操作，这更加考验讲师调动学员的能力。从课程的教学活动设计角度来说，如果讲师需要录制一段纯视频课程，那么讲师要记住以下几个建议。

- 每段课程以 8~15 分钟为宜。因为在授课过程中互动少，所以讲师要缩短讲解的时长，争取在学员的注意力区间内完成讲解。

- 为课程内容的 PPT 设计好动画显示。让学员长时间盯着静态的 PPT，对讲师来说是很有挑战性的事。如果讲师能在 PPT 上添加一些动画元素，讲师就可以吸引学员的眼球。

- 讲解过程要遵循"开场—激活—讲解—吸收—总结"的逻辑顺序来

安排内容。讲师要在开场时介绍清楚课程目标与价值，之后迅速运用一个挑战或者问题让学员先来思考讲师要讲解的课程内容；讲解过程要尽量形象、有趣、吸引人；在讲解完后，讲师要再设计一个检验学员吸收与理解的问题，确保学员吸收与理解了刚刚所学的课程内容；最后，讲师要进行回顾与总结。

工具

课程教学活动设计鸟瞰图是基于人的大脑的学习原理设计出来的，为课程搭建整体教学活动框架打下了基础，让讲师不用再"拍脑袋"或者凭直觉来决定如何添加教学活动。这个工具清晰地识别了需要添加教学活动的环节，以及每个教学活动应该发挥的作用。当然，讲师要想真正在实践中用好课程教学活动设计鸟瞰图，还有以下几个前提。

- 讲师必须对课程内容有深刻的理解，对学员的应用场景有深刻的洞察。只有这样，讲师才能知道以什么样的颗粒度对关键知识点进行教学活动设计比较合理，哪些教学活动可以省略、哪些不能，什么样的教学活动能让学员参与进来；才能在设计各类教学活动时，准确识别好的关键研讨问题等。

- 讲师必须积累足够多的教学活动，建立自己的教学活动库。当讲师要添加开场活动时，教师不能在每次课程中都开展同一种开场活动，最好根据学员和场地的特点，选择合适的开场活动。当讲师知道某个环节需要添加一个吸收活动时，讲师可以选择哪些灵活、有趣的吸收活动呢？讲师最好在平时积累一些自己验证过的、流程也比较恰当的吸收活动。这些都是确保课程教学活动设计鸟瞰图发挥作用的关键点。

现在，我们把课程教学活动设计鸟瞰图转化成一个讲师可以用于自己日常设计的表单，即课程教学活动设计鸟瞰图表单，如表 1-1 所示。

表 1-1　课程教学活动设计鸟瞰图表单

课程内容		教学流程			所需时间	所需材料
开场		开场活动				
模块一	关键知识点	激活活动	讲解活动	吸收活动		
	关键知识点	激活活动	讲解活动	吸收活动		
	关键知识点	激活活动	讲解活动	吸收活动		
模块二	关键知识点	激活活动	讲解活动	吸收活动		
	关键知识点	激活活动	讲解活动	吸收活动		
……	……	……	……	……	……	……
结束		结束活动				

在表 1-1 中需要注意以下几点。

- "关键知识点"是课程中的最小设计单元。至于关键知识点的颗粒度有多大，讲师需要结合自己对课程内容的判断来决定。从我们设计教学活动的经验上来讲，通常一个模块的授课时间为 90 ~ 180 分钟，包含几个关键知识点，所以一个关键知识点的授课时间为 20 ~ 90 分钟都是比较合理的。

- "激活活动""讲解活动""吸收活动"是一个关键知识点的教学顺序。讲师在设计这 3 个教学活动时要根据关键知识点的重要性、难度、授课时间等因素来进行取舍与调整。如果一个关键知识点只有 20 分钟的授课时间，那么讲师可能需要省去一些教学活动；如果一个关键知识点有 90 分钟的授课时间，那么讲师有充足的时间进行 3 个教学活动，每个教学活动在 10 ~ 15 分钟。在授课时，这 3 个教学活动的顺序不可改变。

- "开场活动"和"结束活动"是每个课程都需要的，不管这个课程的时长及场地情况如何。讲师需要做的是选择合适的教学活动。

- "所需时间"和"所需材料"需要讲师根据教学活动的设计要求来预估，以便为后续的教学活动实施做准备。

第二章 单个教学活动的设计框架

课程教学活动设计鸟瞰图解决了整体教学流程设计的问题。接下来，让我们仔细端详设计好的课程教学活动设计鸟瞰图，聚焦到每个教学活动上，看看有哪些设计方法。

解构教学活动

课堂上的教学活动，是支持讲师把自己的课程内容更好地传递给学员的活动。教学活动的形式千变万化，它可以是课堂上讲师一个随意的提问，也可以是一个复杂的角色扮演、沙盘模拟等活动。虽然教学活动的形式千变万化，但我们可以抽象出每个教学活动的基本构成：关键研讨问题与活动流程，如图 2-1 所示。

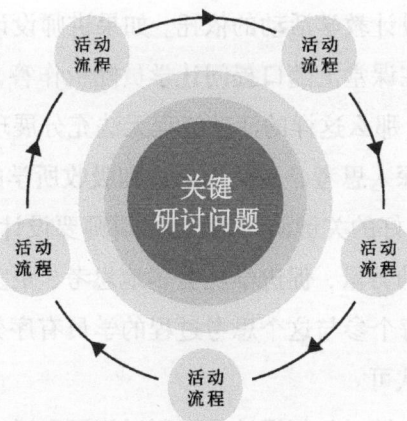

图 2-1　教学活动的基本构成：关键研讨问题与活动流程

以一个普通的小组讨论为例，关键研讨问题就是讲师让学员研讨的问题；活动流程就是讲师在组织该活动时，如何进行分组、让学员研讨多长时间、让谁来汇总讨论结果、让谁来代表小组发言等。

以一个角色扮演的教学活动为例，关键研讨问题是"如何进行某个特定场景中的行为动作"；活动流程就是讲师在组织该活动时，如何进行分组、如何分配角色、让学员演练多长时间、让谁来反馈及如何反馈、如何在演练后进行点评等。

以一个领导力课程开始时的破冰游戏为例，关键研讨问题是"小组如何用有限的材料共同搭建一个小房子"；活动流程就是讲师在组织该活动时，如何设定谁是组长、用什么竞赛机制、用什么奖励机制、如何衔接小组的活动成果和讲师要传递的观点等。

在一个教学活动中，关键研讨问题与活动流程二者相辅相成，二者都十分重要。关键研讨问题是设计教学活动的根本，它直接决定研讨是否能达到教学目标、能否实现讲师预先期待的活动效果。讲师要提出一个好的、恰当的问题并不容易。我们看到的情况是，一些讲师让学员研讨的问题模糊不清，学员不理解讲师在问什么或者不好回答讲师的问题，这就无法激发学员的研讨兴趣。这时，即使讲师设计的教学流程很精彩，能让学员积极参与，但很可能只是表面热闹，而在教学活动结束后，学员并没有什么收获。活动流程是设计教学活动的依托。如果讲师设计了一个很好的关键研讨问题，但只是在课堂上随口提问让学员随机作答，或者千篇一律地让学员进行小组讨论，那么这样的活动流程无法充分展现这个好问题应有的力量，对激发学员深入思考、更好地理解和吸收所学的知识都是不够的。我们希望，在设计出好的关键研讨问题后，讲师要设计出适当的活动流程，充分发挥这个问题的力量，促进学员更多地思考、更多地交流、更广泛地激活想法，并且让每个参与这个思考过程的学员有序分享并获得启发，同时收获其他学员的认可。

接下来，我们来探讨如何设计关键研讨问题和活动流程，才能确保教学活动富有成效。

如何设计关键研讨问题

我们通过一个真实的案例来介绍如何设计关键研讨问题。

Mac 要在自己的公司里讲授"跨部门沟通",其中一个重要的知识点是"情感账户"。相信很多人对这个知识点都不陌生。它源于史蒂芬·柯维（Stephen Covey）的《高效能人士的七个习惯》。该书指出："你必须把每一次人际交往，都看成在他人'情感账户'内存款的一个机会。"

Mac 在介绍完"情感账户"的概念后，想让学员进行小组讨论，目的是基于学员的讨论，说明在工作中如何有效推进与同事的关系。

因此，Mac 设计的关键研讨问题是"我们的哪些行为是在向'情感账户'中存钱"。在某个课堂上实施了这个小组讨论活动后，Mac 对活动结果不太满意。他觉得学员讨论起来索然无味，学员罗列的内容也毫无新意，各小组的答案的相似度很高。那么，他应该如何进一步改进该关键研讨问题，来使小组讨论的活动效果更好呢？

看到这里，你可以先合上书并快速地思考一下：你觉得 Mac 在该教学活动中设计的关键研讨问题如何？你有哪些改进建议？在略经思考后，你可以看看我们的分析和建议。

坦白地讲，我们认为 Mac 设计的关键研讨问题还是不错的。不过，为了进一步提升活动效果，我们可以从以下几个角度给予 Mac 一些改进建议。

针对性

首先，关键研讨问题必须有针对性。让学员解决的问题（或挑战）要紧紧地围绕讲师在关键知识点上的教学目标去设计，要让学员在活动中思考的聚焦点和讲师在活动结束后要引导、讲解的课程内容紧密相关。也就是说，学员在对关键研讨问题进行研讨后，给出的答案能让讲师顺利过渡到下一个关键知识点的讲解。在 Mac 的例子中，课程主题是"跨部门沟通"，

Mac 在介绍所使用的沟通技巧时针对的都是公司里实际跨部门沟通的典型场景，因此在讨论"情感账户"时，我们要聚焦于在工作环境中，要建立同事间的良好关系，需要做哪些行为。所以，我们可以这样改进 Mac 的关键研讨问题："在与同事交往的过程中，哪些行为是在向'情感账户'中存钱？"通过缩小关键研讨问题发生的场景（在与同事交往的过程中），提升关键研讨问题的针对性。

要提升关键研讨问题的针对性，讲师必须时刻思考该问题的教学目标是什么；在学员讨论完后，讲师想让学员得出的答案大概是什么，这些答案如何有效地和讲师后续要讲解的课程内容进行衔接。

具象化

接下来，我们换个角度继续研究聚焦后的关键研讨问题："在与同事交往的过程中，哪些行为是在向'情感账户'中存钱？"从本质上讲，这是一个比较抽象的问题，学员在回答这类问题时难度会比较大，常常是"心有千言万语，不知从何说起"，即使给出了一些答案，也容易落入窠臼，出现很多"假大空"的套话。我们认为，更好地提问方式是让学员从思考某个具象的问题入手，这样学员更容易打开思路，也更容易给出高质量的答案。

什么是具象化呢？简单来说，就是联系一个具体的事例来进行思考。例如，在一个电视访谈节目上，主持人问一个几岁的小女孩："你更喜欢你的爸爸还是妈妈？"小女孩迟疑了好一会儿，喃喃地说："我不知道。"幽默的主持人看到小女孩的为难，于是笑着说："让我来换一个问题吧，如果从天上掉下来一个钢琴，一定会砸到一个人，那么你是希望它砸到你的爸爸，还是希望它砸到你的妈妈？"在听到这个问题后，小女孩没有丝毫犹豫，马上大声喊道："爸爸！"大家来看，主持人的第二个问题，就是一个把抽象的问题具象化的典型的例子，这让难以回答的问题一下子得到了清晰的答案，效果非常好。

因此，回到 Mac 的关键研讨问题，我们可以这样改进："请你先想起一个与你关系要好的同事，关于这个同事，请思考一下你的哪些行为是在向你们的'情感账户'中存钱，而因为有了这些行为，你们的关系变得更好了。"

学员在回答这个问题时，必须先在脑海里搜寻并锁定一个同事，然后回忆和他之间发生的点点滴滴，找到哪些行为让自己和他的关系在逐步推进。这也是把抽象的问题具象化的过程。

很多教学活动的关键研讨问题都可以做具象化处理。例如，在一个项目管理的课程上，讲师想在开始时提个问题："你在做项目经理时，觉得最难的是什么？最有挑战性的是哪个环节？"大家可以看到，这个问题比较抽象。讲师可以考虑将其转化成一个具象化的问题："请回忆你最近管理过的一个项目，在这个项目中，哪些管理环节让你觉得头疼万分？哪些环节让你走了很多弯路？在思考两分钟后，请把你的故事和思考结果分享给大家。"在修改后，学员要思考的问题就具体多了，因此讲师要找到一个有效的"抓手"来引导出更多、更好的答案。

目标感

在提升针对性、进行具象化设计后，Mac 的关键研讨问题还有改进的空间。我们发现，当人们讨论某个问题时，有明确的目标（知道在讨论完后要达到什么目标）会更容易带来实实在在的结果。因此，我们可以为学员设计一个清晰的、可衡量的研讨目标。例如："请你先想起一个与你关系要好的同事，关于这个同事，请思考一下你的哪些行为是在向你们的'情感账户'中存钱，而因为有了这些行为，你们的关系变得更好了。每个学员至少罗列 3 项行为。"

在加入了研讨目标（每个学员至少罗列 3 项行为）后，学员会至少罗列 3 项行为。但是，如果没有这个研讨目标的要求，那么很多学员可能只写一两项行为就停止思考了。

在讲师设定关键研讨问题的研讨目标后，学员会更有安全感，学员可以知道写几项行为能达到讲师的要求。这个方法在很多场景中都有使用价值。例如，在课程开始时，讲师可能需要学员介绍一下自己的兴趣、爱好、特长等，以便增进学员彼此的了解。这时，与其泛泛地去提问"你的兴趣是什么"，我们更愿意加上清晰的目标："请与你的同伴分享一件自己日常喜欢做的事"。在加入"一件"后，学员就会清楚这个问题的边界，反过来，清晰的边界也利于学员回答讲师的问题。

以上 3 个角度是我们总结的可以改进关键研讨问题的角度。当然，并不是改进每个关键研讨问题都必须满足这 3 个角度的改进要求，讲师需要根据自己的具体课程内容和学员情况进行调整和取舍。一个通用的、可以很好地检验关键研讨问题是否恰当的方法是，把设计好的关键研讨问题提给自己或者身边的人，看该问题是否好回答及得到的答案是否是自己想听到的。很多讲师在设计关键研讨问题时，容易沉浸在个人的思路中，根据自己的想法设计关键研讨问题，结果在实践中发现别人很难回答这个问题或者答案容易产生歧义，这时讲师就需要改进自己的关键研讨问题。

一个好的关键研讨问题是一个教学活动成功的一半。问题问得恰当，能击中学员的"痛点"，就能让学员积极回答并交流。要实现这样的效果，讲师需要理解学员，了解学员日常工作的情况，知道学员爱聊什么、想从其他伙伴那里知道什么。

由于工作的原因，我经常设计与引导各种客户沙龙。我的客户是各个公司的培训经理，当他们聚在一起时，他们最喜欢交流的是自己今年做了什么项目、接下来想做什么项目，以及别人是否做过类似的项目、有什么经验可以分享等。因此，在很多客户沙龙中，我设计的第一个关键研讨问题是请他们分享一个自己今年最关注的工作重点或者项目重点，以及围绕这个重点自己的推进思路是什么。因为这个关键研讨问题恰好符合培训经理这类学员群体的内在诉求，所以我丝毫不担心这个关键研讨问题会让学员不好开口、聊不下去。相反，我最担心的是时间不够用，因为学员有很多东西想分享与交流。

同使用好课程教学活动设计鸟瞰图的前提条件一样，作为一个讲师，观察和理解学员很关键，针对学员的关注点、诉求点设计关键研讨问题就会事半功倍。

案例分析

我们再来分享一个改进关键研讨问题的真实案例。在该案例中讲师对关键研讨问题的设计不够严谨、过于随意，没有反复斟酌文字，没有推演在实际研讨时可能出现的情况，导致这个关键研讨问题在真正研讨时出现很多问题，没有达到预期的研讨目标。

这是一个给门店经理讲解领导力的课程。在课程开始时，讲师播放了一小段视频，内容是某门店的一位员工向门店经理提出辞职，门店经理显得很无助，尽管门店经理苦口婆心地说了很多，但还是没能挽留住这位员工。在播放完视频后，讲师在 PPT 上给出了如下关键研讨问题："请回想你自己做店员时，什么样的门店经理让你印象深刻？为什么他让你觉得值得追随？"

从接下来的课程内容来看，讲师会介绍几项门店经理的核心领导能力，如建立信任、明确目标等。因此，讲师设计这个关键研讨问题的目的是希望学员通过研讨和分享，能给出与门店经理核心领导能力相关的一些答案，从而让他自然地过渡到对门店经理核心领导能力的讲解。很明显，讲师在 PPT 上给出的关键研讨问题是有问题的。

下面，我们请你先做个尝试，结合前面提到的改进关键研讨问题的 3 个角度及相关要求，你会如何改进这个关键研讨问题呢？你可以参考以下提示，然后试着把你的答案写下来。

- 针对性：这个关键研讨问题问得清晰、恰当吗？有没有和学员的实际工作场景或需求结合起来？学员知道要回答什么吗？和前后的课程内容衔接得好吗？如何从这个角度进行改进？

- 具象化：这个关键研讨问题是否能激起学员的具体感知？是否会让学员觉得太空洞、模糊？有没有什么方法能支持学员更好地思考与回答这个关键研讨问题？如何从这个角度进行改进？

- 目标感：这个关键研讨问题有目标感吗？学员知道什么样的答案是合格的吗？如何从这个角度进行改进？

相信你已经对如何改进这个关键研讨问题有了深入的思考。下面，你可以对比一下我们的改进建议。

首先，从针对性的角度来改进。从这个关键研讨问题本身来看，它似乎有些逻辑不清晰。"什么样的门店经理让你印象深刻？"让员工印象深刻的门店经理可能领导能力很强，也可能恰好相反——在管理上存在很多问题，这与后面的"为什么他让你觉得值得追随"衔接不上。

而且，讲师在课程开始时播放的视频展现的是一个反面的门店经理，该门店经理并不是一个值得追随的门店经理。因此，比较合理的关键研讨问题应该是："门店经理的哪些行为会让员工远离他呢？门店经理的哪些行为会让员工愿意追随他呢？"从正、反两个方面去讨论，既能衔接到前面反面的视频案例，又能衔接到后面想要讨论的知识点。

其次，从具象化的角度来改进。这个研讨案例其实有一个非常好的素材——视频。在研讨前播放视频就是在为研讨做铺垫，让研讨更加顺畅。因此，关键研讨问题可以充分提示学员："大家注意观察视频中的这位门店经理，从他与员工谈离职的这段经历中我们能发现他身上的很多特质和行为特征。请你回忆一下视频中这位门店经理的语言和行为，罗列一下门店经理的哪些行为会让员工远离他。在罗列完后，可以进一步思考，什么样的门店经理能留住员工呢？门店经理的哪些行为会让员工愿意追随他呢？"

最后，从目标感的角度来改进。为了让各小组的讨论更加结构化和顺畅，我们还可以让各小组的研讨目标更加清晰。可以在 PPT 上或者讲师授课用的白板纸上给出一个小组讨论结果的呈现格式（见图 2-2），要求各小组在讨论完毕后，统一按照这个格式向全班学员进行展示。

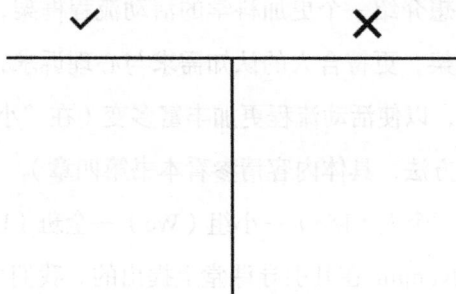

图 2-2　小组讨论结果的呈现格式

加上目标感这个角度的改进要求，这个关键研讨问题可以改进成："大家注意观察视频中的这位门店经理，从他与员工谈离职的这段经历中我们能发现他身上的很多特质和行为特征。请你回忆一下视频中这位门店经理的语言和行为，罗列一下门店经理的哪些行为会让员工远离他。在罗列完后，可以进一步思考，什么样的门店经理能留住员工呢？门店经理的哪些行为会让员工愿意追随他呢？请每个小组把自己的讨论结果在白板纸上分列两列（见图 2-2）。能留住员工、让员工愿意追随门店经理的行为，写在"√"这一列；让员工远离门店经理的行为，写在"×"这一列。在每一列中，每个小组至少罗列 5 项行为。"

至此，我们对这个关键研讨问题不仅有了清晰的研讨目标要求"至少罗列 5 项行为"，还要求学员把答案的呈现图形化，这些都有助于学员理解要回答的问题是什么、完成研讨的标准是什么、研讨目标是什么。

如何设计活动流程

在设计好关键研讨问题后，就要设计活动流程了。最常见的活动流程是先把学员分成小组，然后进行组内讨论，每个小组推选一个代表轮流发言，最后讲师做总结。这个活动流程基本合理，不过略显单一，而且存在一定的弊端。

在这里，我们想介绍一个更加科学的活动流程框架，这个框架是很多活动流程的基本框架，更符合人的认知需求与心理诉求，而且讲师可以对这个框架进行改变，以使活动流程更加丰富多变（在"小组""发言"等环节中还有很多引导方法，具体内容请参看本书第四章）。

这个框架就是"个人（Me）—小组（We）—全班（Us）"，它是由芬兰引导培训师 Pepe Nummi 在其引导课堂上提出的。我们之前接触的很多有效的活动流程都符合这个框架，而且这个框架可以衍生出很多不同的有效的活动流程。

我们以 Mac 的"跨部门沟通"课程中的"情感账户"这个关键知识点的教学活动为例。经过对关键研讨问题的改进，学员现在需要研讨的关键研讨问题是："请你先想起一个与你关系要好的同事，关于这个同事，请思考一下你的哪些行为是在向你们的'情感账户'中存钱，而因为有了这些，你们的关系变得更好了。每个学员至少罗列 3 项行为。"Mac 可以直接请学员进行小组讨论，还可以按照"个人—小组—全班"的活动流程来设计研讨。

- 每个学员用 3 分钟的时间，围绕关键研讨问题，写下自己的答案，每个学员至少罗列 3 项行为。在这个环节中，学员不需要交流，学员要自我思考。（这是"个人"的环节）

- 在 3 分钟后，小组内部进行分享，每个学员分享自己罗列的行为，小组共同选出其中 5 项最有价值的行为，准备与全班学员分享。（这是"小组"的环节）

- 在小组讨论结束后，每个小组推选一名代表分享本组选出的 5 项行为。（这是"全班"的环节）

万能互动流程

我们把"个人—小组—全班"的活动流程称为"万能互动流程"。

各环节的作用

"个人"环节的作用

"个人"环节是"万能互动流程"的第一个环节,也是最关键的一个环节。"个人"环节发挥着 3 个关键的作用。

- 给予学员充分的思考时间。学员在听到一个问题后,需要一些时间来进行思考、组织语言等。一般来讲,我们需要给学员至少 20 秒的时间准备自己的答案。然而,现实情况是,大多数讲师希望在提问后快速找到可以回答的学员,而不习惯于让所有学员都沉默 20 秒,因为这对讲师来说有一定的压力,所以讲师才会急于通过点名等方式来快速让学员回答问题。融入"个人"环节,讲师可以要求学员先自己思考并写下自己的答案,这样既清除了讲师不能忍受学员沉默的压力,又给予学员充分的思考时间。

- 确保所有学员都参与研讨。融入"个人"环节,还可以让所有学员都参与研讨。可能一些企业培训管理者会说,自己企业的培训文化非常好,课堂气氛比较活跃,一般讲师提问都会有人回答。但我们认真观察就会发现课堂上的真实情况是,在讲师提问时,回答问题的人总是少数几个固定的人,其他人都属于"沉默的大多数人",他们几乎从不回答讲师的问题。慢慢地,"沉默的大多数人"在课堂上就会形成惰性,自己不再思考。在这种情况下,仅有几个学员参与了研讨。而在融入"个人"环节后,讲师要求所有学员都写下自己的答案,这就确保了所有学员都参与研讨。

- 为组内交流做好准备。每个学员都写下自己的答案,能为下一个环节——组内交流做好准备。经过"个人"环节的独立思考,学员对接下来小组要讨论的问题有了自己的看法与思路,会更快地进入小组讨论的状态。每个学员都会发言（因为每个学员都有自己的答案），更容易产生有益的碰撞，激发出更好的想法。相对而言，在"学员没有自己思考的时间，直接开始小组讨论"这种模式下，学员进入小组讨论状态的速度较慢，学员发言的积极性和发言的质量可能都得不到保障，而形成多种想法碰撞、激发更多智慧火花的概率也小得小。

很多讲师容易忽略"个人"环节，往往在向学员提出问题后，要么直接点名请学员回答，要么直接让学员进行小组讨论，这样的活动效果并不理想。

"小组"环节的作用

"小组"环节是指讲师请学员在小组内分享自己的答案。这个环节也很重要，它发挥着两个关键作用。

- 它是优质答案的"筛选器"。通过小组讨论，可以筛选出组内的优质答案，并把优质答案呈现给讲师和其他学员。
- 它让学员更容易开口分享与交流。讲师直接提问并请学员起立回答的方式，会让学员感到紧张。因为有些学员不敢或者不情愿在大庭广众之下说话，不想成为大家关注的焦点。很多学员觉得在全班学员面前分享自己的答案有很大的压力，不过鲜有学员在小组内分享自己的答案时会觉得有压力或者紧张。因此，先在小组内分享自己的答案，对学员来讲几乎没有负担，一旦自己的答案被小组认可，其与全班学员分享自己答案的动机就会被激发。

"全班"环节的作用

"全班"环节是指讲师请小组与全班学员分享自己的答案。这时，根据时间的需要，讲师可以请每个小组都分享，也可以只邀请有意愿的小组。因为在前面的两个环节中，学员在各自的小组内做了充分的交流和准备，其优质的答案也被小组认可了，所以学员在这个环节中更容易主动举手发言。

讲师在下次授课时，可以把每次提问和研讨都通过"个人—小组—全班"的活动流程来实施，这样就不用担心在实施教学活动时提问会冷场或者研讨不充分了。

各环节的设计关键

"个人—小组—全班"活动流程的实施简单且容易操作，但如果想更好地发挥它的作用，那么还需重视各环节的设计关键。

"个人"环节的设计关键

"个人"环节的设计关键是可视化。"个人"环节的目的是让所有学员都参与研讨。如果讲师只是要求"所有学员都思考一下这个问题"，那么学员是否思考了，讲师是没有办法观察与把控的。但是如果讲师要求学员"用20秒的时间思考一下这个问题，并写下自己的答案"，那么所有学员都会有一个可视化的动作，即拿笔写字。

除了让学员拿笔写字，讲师还有很多其他的可视化方式可以选择。例如，让学员在一段文字中用下画线或文字标注，让学员拿一些彩色小圆点贴纸去粘贴重点内容，让学员用笔在一个给定的清单中选择自己觉得重要的条目，让学员从讲师提供的卡片中选择一张自己认为重要的等。这些都是"个人"环节的变形。不管教学活动的形式如何，其核心目的都是促使学员思考并为接下来的"小组"环节做准备。

"小组"环节的设计关键

"小组"环节的设计关键是变换分组。在"小组"环节中，学员在本次教学活动中第一次分享自己的答案。为了促进学员之间更多地进行交流、保持研讨的新鲜度，讲师可以为不同教学活动的"小组"环节设置不同的分组方式。例如，每6个学员围坐在一张桌子旁，就让每张桌子旁的6个学员组成一个小组。在研讨第一个关键研讨问题时，在"小组"环节中就以小组为单位，学员在小组内进行研讨；在研讨第二个关键研讨问题时，在"小组"环节中可以只邀请每个小组内相邻的两个学员进行研讨；在研讨第三个关键研讨问题时，在"小组"环节中可以请学员跨组寻找其他学员组成新的小组……总之，讲师可以因地制宜，尽量不要总是让同一个小组的学员在一起研讨，以免学员产生交流上的"审美疲劳"，而不太愿意分享了。

"全班"环节的设计关键

"全班"环节的设计关键是谨慎使用。我们给讲师的建议是：思考一下对你的关键研讨问题来说，"全班"环节是否有必要。其实在学员进行了自我思考，并在小组内与其他学员进行了交流和研讨后，学习的目的已经基本达到了。是否要求学员与全班学员分享答案，和讲师设计的教学活动的目的有很大的关系。有些关键研讨问题的答案需要与全班学员分享，这样讲师可以过渡到自己后续的课程内容或话题；而对于有些关键研讨问题，讲师可以直接在小组讨论结束后分享自己的答案和看法。对于"全班"环节之所以强调谨慎使用，主要是因为"全班"环节耗时较长，如果每个小组都发言，那么可能至少需要 10 分钟。因此，讲师需要根据自己设计的教学活动的目的来判断"全班"环节是否有必要。

"个人—小组—全班"的活动流程也可以应用在大场演讲中。大场演讲是很多讲师经常碰到的一类场景，其面对的学员从五六十人到几百人不等，学员在教室中基本都是"排排坐"。这种演讲对讲师来说颇具挑战性，在第四章中会介绍这种场景的教学活动的引导方法，这里不再赘述。在这里我们想先提醒大家的是，在这种场景中，我们建议更多地使用"个人"和"小组"这两个环节，而不要使用"全班"这个环节。讲师在讲解课程内容的过程中，选择几个节点，围绕核心问题（挑战）设计合理的关键研讨问题，先请学员自己思考并写下答案；然后请学员与自己身边的学员进行交流；最后，讲师直接分享自己对于关键研讨问题的思考与答案。不使用"全班"这个环节的原因在于，小组数量太多，没有充足的时间请所有小组都发言。只使用"个人"和"小组"这两个环节，就可以使研讨不受场地的限制，也可以将研讨时间控制在 3 分钟以内，这是一种既简单又具有可操作性的大场演讲教学活动实施流程的设计方法。

随需而变

"个人—小组—全班"只是活动流程的一个框架，在这个框架的各个环节中添加更多细节与变化，就会演变出不同的活动流程。因此，讲师在设计自己的活动流程时，要依据关键知识点的教学目标，根据学员的情况、教室的情况等条件，进行细节调整与变换，让活动流程更加适合自己的教学活动。

依据随需而变的原则，我们再来看 Mac 的"跨部门沟通"课程中"情感账户"这个关键知识点的教学活动。我们为这个关键知识点设计的活动流程是这样的。

第一步：个人。请每个学员自己思考："请你先想起一个与你关系要好的同事，关于这个同事，请思考一下你的哪些行为是在向你们的'情感账户'中存钱，而因为有了这些行为，你们的关系变得更好了。每个学员至少罗列 3 项行为。"每个学员把自己想到的行为记录到纸上。

第二步：小组。每个学员在小组内分享自己罗列的行为，小组共同讨论并总结哪些行为是常见的、可以推进同事间关系的，至少总结出 5 项常见的行为，并写在每个小组的白板纸上。

第三步：全班。每个小组推选出一个组长，代表本组与全班学员分享自己小组总结出的常见的行为，并解释选择这些行为的理由。

对于上面的活动流程，Mac 可以根据每次讲课面临的不同情况进行调整。例如，Mac 今天对这个关键知识点的讲解时间非常短（大概只有 10 分钟），而且学员人数比较多（大概有 80 人），Mac 就可以根据这些情况进行如下调整。

第一步：个人。为了让学员能够尽快地想到自己的答案，Mac 把常见的可以向"情感账户"中存钱的行为罗列成一个清单，并事先打印在学员手册上，在课上请学员在学员手册上选出自己最常做的 3 项行为。这个环节用时 2 分钟。

第二步：小组。Mac 请每个学员和自己左手或右手边的学员进行两两交流：自己刚才选了哪 3 项行为，并且简单解释一下自己选择这 3 项行为的原因。每个学员分享 1 分钟，两个学员共用时 2 分钟。

第三步：全班。Mac 可以省略"全班"这个环节，而是自己直接解释和说明他认为哪些行为最常见、最有效。

"个人—小组—全班"这个框架对讲师的意义是，讲师可以运用它来优化自己现有的教学活动及活动流程。如果讲师有一个角色扮演的教学活动，就意味着讲师需要在活动流程中融入"个人"环节，让学员自己准备话术和沟通策略；需要在活动流程中融入"小组"环节，让学员结成小组互相演练；也需要在活动流程中融入"全班"环节，来进行演练的总结与点评。如果讲师有一个案例分析的教学活动，就意味着讲师需要在活动流程中融入"个人"环节，让学员自己阅读案例，并围绕问题编写答案；需要在活动流程中融入"小组"环节，让学员在小组内交流答案；也需要在活动流程中融入有"全班"环节，让学员在全班内交流答案。讲师一方面要确保这 3 个环节的存在（尤其是不要忽略"个人"环节），另一方面要思考不同环节可以如何变化形式，以有趣、多变的形式来进行。

本书的后续章节还会介绍很多实用的教学活动，虽然其活动流程在细节上可能有很大不同，但从大的框架上来看，它们都符合"个人—小组—全班"这个框架。

案例分析

下面从几个真实的案例中来看可以如何用"个人—小组—全班"这个框架去优化活动流程。

案例一：识别项目管理中的挑战

Mac 要给学员讲解"项目管理技巧"。在课程开始时，Mac 想让学员围绕自己在项目管理中的经验做一些挑战的识别练习。于是，Mac 向学员提问："你们能否跟我讲讲，在做项目管理时，你们遇到的最大的挑战是什么？"一般来说，如果有学员主动举手，Mac 就会顺势请他们回答；如果没有学员主动举手，Mac 就会用点名的方式，随机找几个学员来回答。正如前面我们谈到的，Mac 目前的提问活动流程没有给学员提供思考、交流的机会，所以学员回答的效果可能时好时坏。下面，我们来看 Mac 的提问活动流程可以如何用"个人—小组—全班"这个框架进行优化，从而确保这个教学活动真正达到促进学员识别挑战的目的。

"个人"环节

Mac 可以先请学员全部起立，然后在 PPT 上显示一句话："项目发起者的需求模糊不清，变来变去。"接着，Mac 可以对学员解释说："如果你在进行项目管理的过程中，曾经遇到过 PPT 上显示的这个挑战，你就坐下。"学员可能会三三两两甚至全部坐下。

在展示完这个挑战后，不管是否还有学员保持站立，Mac 都可以请学员全部坐下，继续布置活动任务："没错，这是很多人在项目管理中都会遇到的一个典型挑战。除了这个挑战，大家在项目管理中一定还遇到过很多其他类型的挑战。现在，请每个学员独立思考，然后在纸上写下自己在项目管理中还遇到过哪些挑战。每个学员至少写 3 个。"

"个人"环节的目的是让学员先各自梳理自己在项目管理中遇到的挑战。不过，在这个环节中，我们添加了一个"起立调查"的小环节。"起立调查"的目的是让研讨更加具象化，让学员了解讲师所说的挑战的含义，这样有助于学员在独立思考与后面进行小组讨论时更加聚焦，从而提高这个教学活动的效果。

"小组"环节

在每个学员用 2~3 分钟梳理了自己遇到的挑战后，Mac 可以这样继续布置活动任务："接下来，我们要做一个调查活动，请所有学员都起立去访谈至少两个学员，而且这两个学员最好不是现在和自己在同一个小组的。访谈的内容是他罗列的挑战是什么。如果你认可他罗列的挑战，你就把他罗列的挑战记录在自己的本子上。当你在访谈别人时，别人也在访谈你，所以也请你向你访谈的学员分享你罗列的挑战。"

在这个"小组"环节中，Mac 设计的是两两一组、起立交流。这样设计的原因在于这个调查活动处于开场阶段，让学员起立并且认识更多的伙伴，对于营造课堂学习氛围非常有益。如果这个调查活动是在课程中间实施的，或者学员在做这个调查活动的时间节点上并没有特别疲惫，那么 Mac 可以让学员在小组内交流，或者是让座位相邻的两三个学员交流。

"全班"环节

在"全班"环节中，Mac 可以这样布置："现在，大家都已经通过访谈找到了更多的挑战，请回到你们原来的小组中，在小组内一起整理所有组员收集到的挑战，在整理后，留下至少 3 个你们认为非常有价值的、值得向所有学员分享的挑战，并做好分享的准备。"

在经过这 3 个环节后，不仅所有学员都深度参与了思考与讨论，而且小组整理出来的挑战也有价值、有深度。Mac 可以把学员整理的挑战罗列在一张白板纸上作为参考，这样在接下来的授课过程中，Mac 能更好地围绕学员关注的挑战有针对性、有侧重地进行深度讲解。

如果你的课程也想以询问学员对课程内容中的挑战作为开始，那么你可以尝试参考 Mac 的活动流程。

案例二：Q & A

"个人—小组—全班"这个框架的另外一个典型应用场景是在课程结束时的 Q&A（提问与回答）活动。Q&A 活动是很多讲师非常熟悉的，讲师的习惯做法是，在课程结束前 10~15 分钟，讲师说："到这里我今天的课程内容就全部讲完了。接下来，我可以回答几个问题，谁有问题呢？"

虽然 Q&A 活动很常见，但它也会经常遇到一些风险与挑战。一方面，学员在提出问题时，最好能够事先进行深度的思考，这样才能提出有价值、有深度的问题。而在大多数 Q&A 活动中，学员在仓促之间提出的问题往往质量都不高。另一方面，讲师对学员所提问题的把控较差。在大多数 Q&A 活动中，学员提出来的问题可能比较肤浅，或者与课程内容关系不大，或者仅仅是提问者自己关心而其他学员不关心的，又或者讲师仅应用本次的课程内容无法解决。Mac 就遇到过这样的情况。Mac 在公司里给管理者讲解完激励员工的原理、方法和技巧后，Mac 询问学员是否还有问题，一个学员站起来问："Mac 老师，我最近碰到一个让我头疼的问题。我有一个下属刚刚离职，原因很简单，我们的竞争对手给了他 3 倍于我们目前的工资。我询问了我们公司人力资源的主管，我们公司不可能给这个员工涨工资。现在我必须招一个新人来替代他，这样一来，不仅工作质量有差距，而且在现在的招聘市场中，要找到一个合适的人，也需要支付 3 倍于我们目前的工资。我该怎么办呢？"在该学员提完问题后，其他学员发出了一片笑声。很明显，该学员提出的问题涉及公司机制、流程和资源的问题，仅应用本次的课程内容，Mac 无法给出合适的答案。但是，既然有学员提出了问题，讲师就不能直接拒绝回答，讲师需要绞尽脑汁地回答学员。遇到这样的情况，讲师和学员都比较尴尬。

如果要避免在 Q&A 活动中出现上面所说的风险与挑战，Mac 就需要在学员提问前甚至是在授课之初做一些铺垫，强调公司内、外部的环境不完美，以及资源有限，本次的课程内容更多地聚焦于管理者可以如何在这些不利的局面下发挥个人领导力，从而更好地解决激励的问题。当然，即使 Mac 这样强调了，也可能有的学员不理解，他们还是停留在自己的关注点上，继续提出尴尬的问题。因此，我们建议 Mac 利用"个人—小组—全班"这个框架重新设计 Q&A 的活动流程，从机制上做改变，从而尽量规避上述风险与挑战。下面，我们来看 Mac 可以如何优化其 Q&A 的活动流程。

"个人"环节

"个人"环节的目标是请学员充分回顾课程内容、深入思考，以便能提出同课程内容相关、同学员实际工作相关、有深度的问题。因此，Mac 可以这样布置："我们的课程内容到此就讲完了，我想留出 15 分钟与大家做一些互动交流。首先，请大家用 2~3 分钟的时间从头到尾翻阅一下自己的学员手册，回顾一下今天所学的课程内容。大家一边翻看一边将今天所学的课程内容与自己的实际工作做结合，想一想在回到工作岗位上后，你会怎样应用今天所学的方法和技巧，在应用的过程中，你可能会遇哪些挑战或者问题需要我的帮助。请大家在纸上写下一个自己最想向我提问的问题。"

"小组"环节

当 Mac 发现所有学员都停下笔而开始交流时（通常，学员在写完自己的问题后就会好奇别人所写的问题），Mac 就可以喊停，并请学员以小组为单位，在组内分享自己所写的问题。在小组讨论结束后，每个小组都要推选出一个最想问的问题，之后将有机会向讲师提问。

根据我们的经验，学员在这个环节中的交流非常容易，原因在于在"个人"环节中每个学员都写了问题，这为小组讨论打下了基础。如果有的学员提出的问题非常简单、容易回答，同组的其他学员就会快速地给出答案并分享自己的见解；如果有的学员提了一个不太靠谱的问题（如该问题与今天的课程内容的关联度不大），同组的其他学员就会指出来，而不会把这个问题作为小组的问题提给讲师；如果有的学员提出了一个特别有价值、有深度的问题，大家都感同身受，同组的其他学员就会认同这个问题，并把这个问题作为小组推选的问题提给讲师。

"全班"环节

"全班"环节就是 Mac 收获的环节了。Mac 可以请每个小组都提出自己的问题并对这些问题做出回答。因为学员在前面两个环节中做了深入思考和充分讨论，所以 Mac 大概率会收获到有价值、有深度、学员普遍感兴趣的问题。这样，在运用"个人—小组—全班"这个框架后，一次原本普通的 Q&A 活动就变成一次讲师和学员的分享与交流活动。

以上分享了两个运用"个人—小组—全班"这个框架的案例。除此之外，在不同的培训场景中，这个框架还可以进行更多的变化、调整。我们期待你在下次进行培训时思考一下：直接提问、需要学员做出回答的活动，是否都可以采用这种活动流程；在具体使用的过程中，还可以做哪些细节的变化和设计，让活动中的问题研讨更加吸引学员、更加富有成效。

工具

在本章结束时，我们想再次强调，一个好的、能达成教学目标的教学活动，应该包含两大部分：一是关键研讨问题；二是活动流程。此外，对教学活动的不断优化是非常必要的。讲师在引导和实施一次教学活动后，要评估该教学活动是否达到了自己预期的教学目标。如果该教学活动不太成功，讲师就要反思：该教学活动不太成功的原因是什么；在该教学活动的实施过程中，学员有什么困惑；学员对该教学活动中关键研讨问题的兴趣度如何；通过做该教学活动，学员有没有得出自己希望看到的结论。通过反思上述问题，讲师可以进一步琢磨该教学活动中关键研讨问题的问法、措辞是否可以调整，以及活动流程又该如何优化。

围绕本章给大家分享的方法，我们整理了一个教学活动设计与优化工具表（见表 2-1），以供大家在设计教学活动时使用。如果你已经设计好了一个教学活动，你就可以利用该表对照优化你的教学活动。

表 2-1　教学活动设计与优化工具表

关键研讨问题	活动流程
□ 针对性：关键研讨问题是否清晰？是否能与后面讲师要讲解的课程内容进行衔接？	个人
	小组
□ 具象化：关键研讨问题是否给了学员能够回想起答案的具体情境？	全班
□ 目标感：关键研讨问题是否有明确的、可衡量的完成或者产出标准	

在使用教学活动设计与优化工具表时，讲师需要注意以下两点。

- 先把已有教学活动中的关键研讨问题剥离出来，然后从针对性、具象化、目标感 3 个角度去思考，该关键研讨问题有哪些可以改进的地方。在实际设计时，讲师需要根据自己的课程内容、学员、授课环境等情况，灵活地考虑这 3 个角度的改进要求，讲师所设计的关键研讨问题不一定必须满足所有角度的改进要求，如有的关键研讨问题不必要求学员必须罗列几个答案。要确保灵活处理的合理性，一个简单的验证方法是讲师自己尝试回答自己提出的关键研讨问题，看能否回答出，答案是否自己想听到的、能否与后面自己要讲解的课程内容进行衔接等。

- 把已有的活动流程与"个人—小组—全班"这个框架做对照。也许你会发现已有的活动流程中只有"小组"和"全班"这两个环节，虽然这不意味着一定要加上"个人"环节，但你可以思考是否加上"个人"环节会更好；也许你会发现在已有的活动流程中，学员直接跳到了"全班"环节，而且在以往授课中这个教学活动的现场实施效果并不好，你就可以尝试添加"个人"和"小组"这两个环节，以确保原有的"全班"环节进行得更加顺畅、实施效果更好。

第三章　理解大脑，优化教学流程与教学活动

美国著名的脑科学研究专家帕特里夏·沃尔芙（Patricia Wolfe）认为："我们越了解大脑，就越能设计出符合大脑需要的教学流程，这样的学习被称为'对大脑友好'的学习，能帮助人们在学习的同时促进大脑的发展。[①]"因此，我们在了解了整体教学流程的设计框架后，有必要了解大脑的特质，尤其是和学习相关的特质，以便优化教学流程与教学活动，从而进一步提高学员的学习效果。

关于人的大脑在学习方面的特征，脑科学研究者给出的一个好消息是，大脑天然就喜欢学习，如探索未知、为事物下定义、从各类信息中找规律等，大脑是一个一刻都不停息的思考机器。这意味着，学员在课堂上对学习应该天然是感兴趣的。说到这里，可能有人会感到困惑，如果说大脑天然就是一个喜欢学习的器官，那么为什么在课堂上有很多学员没有表现出对学习的关注，甚至逃避与厌恶学习呢？这其中有很多复杂的原因，涉及与培训相关的人、环境、机制等诸多方面。如果仅从讲师的角度来归因，那么我们需要关注的是，讲师呈现给学员的信息与呈现信息的方式是否获得了学员大脑的青睐。

帕特里夏·沃尔芙谈道："根本就没有注意力不集中这件事情，人的注意力始终会集中在一些它想集中的事情上。[①]"大脑喜欢一些事情，不喜欢另外一些事情。在课堂上，如果学员的注意力离开了，就意味着他的大脑不再关注我们希望他关注的事情，而是在关注其他事。因此，讲师必须知

---

① Wolfe P. Brain Matters: Translating Research into Classroom Practice. 2nd Edition. New York: ASCD, 2001.

道学员的大脑喜欢什么、不喜欢什么，尽量让自己呈现给学员的信息获得学员的青睐。

学员的注意力和学习效果紧密相关。学员的大脑对某一特定刺激越集中注意力，关于这个刺激的详细信息就越容易被学员的大脑编码、保留。所以，在设计教学活动时，讲师要把呈现给学员的信息，利用各种教学活动"包装"成能吸引和留住学员大脑注意力的形式。

所以接下来我们要分析大脑喜欢什么事情、不喜欢什么事情，以及如何优化活动流程才能使活动流程符合大脑的这些特征。在每个特征中，我们不仅会解释一些脑科学原理，还会推荐一些与这些原理相匹配的教学活动设计方法，以协助大家设计教学活动。

● ●

大脑喜欢新奇

大脑对新奇的事物始终保有兴趣。特殊的、没见过的、和以前不一样的、有反差的内容总会吸引人们的注意力。与大脑喜欢新奇相对应的是，大脑厌恶重复的、枯燥的、无特色的信息，对于这类信息，大脑会启动"自动化"的处理机制。

在课堂上，我经常会问学员一个有趣的问题："大家都是坐电梯来到教室里的，谁能告诉我电梯的地面是什么颜色的？"通常情况下，大部分学员都不能给出确定的答案，原因很简单——电梯地面的颜色太普通了，没有抓住他们的注意力，而大脑会自动处理这些没有特殊性的信息。这种现象在脑科学研究中被称为习惯化。

在课堂上，学员的大脑也可能变得习惯化，从而渐渐对课程内容失去好奇心。造成学员的大脑在课堂上出现习惯化这个问题，通常有两种原因：一是课程内容对学员来讲是重复的、已经知道的、没有任何新意的信息；二是课程内容是新奇的，但是讲师的教学方式单一、没有变化（如整堂课都是讲师一个人在讲），学员的大脑被其他事物（如微信、微博等）吸引了。

因此，为了让课程内容始终对学员是新奇的，能吸引学员不断关注，一个关键的操作方法是每隔 10 分钟就改变学习环境。

约翰·梅迪纳（John Medina）在《让大脑自由——释放天赋的 12 条定律（经典版）》一书中提到，10 分钟是一个关键的分界点，也是人的大脑能够集中注意力的区间。如果大脑捕捉到的外界信息超过 10 分钟没有任何变化，大脑就会开始走神。鲍勃·派克认为大脑能集中注意力的时间是 8 分钟，讲师需要每隔 8 分钟就调动学员，这样才能留住学员的注意力。

如果每隔 10 分钟就改变学习环境，那么讲师在课堂上该如何操作呢？首先，这里所讲的学习环境是一个广义上的概念。对学员来讲，他们在学习过程中经历的任何变化都可以被定义为学习环境的变化。例如，学习的主题变了，进入了一个新的主题；学习的方式变了，刚才是小组讨论，现在转入个人阅读；交流的对象变了，刚才是和 A 学员交流，现在需要和 B 学员交流；学习的空间变了，刚才是在教室里讨论，现在转移到教室外面的走廊里互相分享；教室里的环境变了，刚才教室里没有音乐，现在开始播放音乐了……这些变化都属于学习环境的变化，都有助于留住学员的注意力。

在理解了每隔 10 分钟就改变课堂上的学习环境这个原理后，讲师在设计好整个课程的教学流程后，最好从头到尾检查一遍，看是否有围绕一个课程主题进行大段的、超过 10 分钟的单向讲解的情况。如果有一段内容讲师要讲解 40 分钟，而在这期间讲师没有与学员进行互动，只是让学员在倾听，那么这段内容的设计是不合格的，讲师在这 40 分钟内很容易失去学员的注意力。讲师需要做的是把内容切分成 4 段，每段 10 分钟，每到 10 分钟的节点，就融入一个 1 分钟的互动或者变化，以留住学员的注意力。

为了遵循每隔 10 分钟就改变学习环境这个原理，我们推荐一个非常简单、任何课程主题都可以使用的教学活动——"学员手册记录"。一般来说，大多数讲师都会给学员提供学员手册，即学员在上课时使用的学习材料。学员手册可能是讲师的授课 PPT，也可能是讲师精心设计的一本资料。不管是什么形式的学员手册，一个关键的技巧都是，这个学员手册要被看作一个互动的空间，要留足空白，让学员时不时地进行记录。

活动名称：学员手册记录

活动设计与实施要点：

- 讲师结合自己的课程内容，设计好学员手册中的空白。例如，讲师要介绍公司的历史，可以像下图一样设计学员手册。

> **公司的发展历史**
>
> 请在空格中填上正确的词语。
>
> 1. 公司成立于_____年，总部曾经搬迁过3个城市：_____、苏州、上海。
>
> 2. 公司的第一个发展阶段为_____年到_____年，为创业期。
>
> 3. ××××××_____。
>
> ……

- 在讲到这部分时，讲师要提醒学员翻开学员手册，一边听讲师讲解，一边把相应的词语填写到学员手册上。

活动点评：

"学员手册记录"活动几乎出现在我所有的培训课堂上。它是有效对抗"10分钟"魔咒简单而有效的教学活动。首先，学员对填空感兴趣，有时，可能讲师所讲的内容对学员已经失去了吸引力，但是填空这件事对学员充满着吸引力。其次，学员在用笔写下一个词语时，会加强对这个词语的记忆，而且边听边写可以刺激多个感官。最后，学员对自己参与完成的学员手册会更加珍惜。在实施这个活动时，切忌把学员需要填写的内容变得太多，如把一整句话都空着让学员填写，这样学员的书写压力较大，可能适得其反。讲师只把最关键的词语空出来，确保学员记录的动作不影响倾听的连贯性即可。

大脑喜欢运动

　　"运动和大脑机敏之间有着非常明显的关系""体育运动对认知有益"[1]。这其中的原理非常简单，运动促使人的血液更好地循环，血液能为大脑带来营养物质，并带走营养物质代谢后的有害物质。通常，大脑的重量只占人体总重量的 2%，但是要消耗人体所需总能量的 20%。越激烈地用脑，大脑所需的营养物质越多，所产生的有害物质也越多，这就需要越多的血液循环到大脑中，而肢体运动恰恰能实现这一点。所以，对讲师而言，在教学活动中融入适当的肢体运动非常有必要。

　　根据我们的观察，很多讲师在设计课堂上的肢体运动时，容易出现两种情况。第一种情况是没有设计任何肢体运动，不会让学员起立、走动等。在这种情况下，学员学习起来会比较辛苦，尤其是在一些特殊时刻，如午饭后、一天的学习快结束时，学员非常容易出现疲劳和注意力不集中的情况。第二种情况是讲师具有调动学员肢体的意识，但常常是为了调动而调动，如在午饭后让学员做一些简单的肢体运动（如做一套拍拍操、跳一个小鸭子舞）等。这些简单的肢体运动对活跃课堂气氛、提升学员的注意力确实有好处，但是也可能存在一些风险——有些学员会认为这些简单的肢体运动与自己所学的课程内容无关，从而可能产生一些反感情绪。

　　为了避免上述两种情况，我们来介绍几个设计肢体运动的方法及相应的活动，让讲师可以在自己的课堂上使用这些方法来设计肢体运动。

- 肢体运动的形式很多，学员大幅度的手部活动（如举手投票、摆卡片、折纸等）、起立活动（如起立、坐下、站到小组的白板纸旁等）、走动活动（如站起来排成一列、站起来找到其他小组的学员等）都

---

[1] 约翰·梅迪纳. 让大脑自由：释放天赋的 12 条定律（经典版）. 杨光，冯立岩，译. 杭州：浙江人民出版社，2015.

是基本的肢体运动。这里特别需要注意的是，我们不需要把在课堂上使用的肢体运动想象成跳舞等剧烈运动。

- 肢体运动的频率保持在每小时一次。常见的需要进行肢体运动吸引学员注意力的关键节点包括整个培训课程开始时（有助于吸引学员的注意力）、单节课程快结束时、单节课程开始时、下午的课程开始时、整个培训课程最后结束时，以及任何学员显露出疲态时。特别提示一点，在整个培训课程开始和结束时比较需要进行肢体运动，讲师可以把肢体运动同课程的开场活动与结束活动有机地结合在一起。

- 最简单的肢体运动是"起立分享"。"起立分享"活动可以在任何时间节点上进行，可以和任何课程主题结合。讲师需要做的就是找到一个当下比较适合交流的课程主题，鼓励学员起立找到其他小组的学员并互相分享答案。

- 当讲师组织一个小组讨论时，如果需要各小组把讨论结果写在白板纸上，那么讲师可以事先把各小组的白板纸贴在教室的墙上。在让学员进行小组讨论时，请学员起立并站在本组的白板纸面前讨论，而不是坐在椅子上讨论。讲师可以直接告诉学员，站立能使他们的讨论更加高效。

- 讲师如果想做一个纯粹的肢体运动类的小游戏，那么可以尝试把这个小游戏与课程内容关联起来。例如，很多讲师会在下午的课程开始时，请男、女学员各站成一排，让前后相邻的学员互相按摩彼此的肩膀、胳膊等。这个小游戏有肢体调动、有促进社交的元素，但缺少和课程内容的关联性。所以，讲师可以这样改变一下：请男、女学员各站成一排，让前后相邻的两个学员互相按摩，但是每个学员必须能够回忆起并正确地阐述已经学习过的某个关键知识点，才能赢得被按摩的机会。也就是说，如果一个学员能够回忆起并正确地阐述已经学习过的某个关键知识点，其他学员就给他按摩。之后，双方按照这个规则再轮换。

- 在桌子上准备一些"沉默"的玩具，如柔软的小球等，讲师可以鼓励学员在听课时随时使用这些玩具。有人会问，让学员一边听课一边玩这些玩具，不会分散学员的注意力吗？答案是否定的。从脑科学研究的结果来看，这些玩具可以很好地辅助学员的手部做一些肢体运动，这种肢体运动会让学员更放松、压力更小，反而会提升他们的学习效果。

活动名称：拉伸分享

活动设计与实施要点：

- "拉伸分享"活动需要讲师找到一个比较适合在授课时分享与交流的课程主题。例如，Mac 正在进行管理者辅导技巧的培训，结合正在讲解的课程内容，Mac 让学员交流一下"什么样的下属的辅导难度最大"这个问题。Mac 把这个问题写在一张白板纸上，并且把这张白板纸对折起来，遮住上面的字，不让学员提前知道这个问题。这样，Mac 就做好了实施这个教学活动的全部准备。

- Mac 在即将开始讲解"辅导下属的方法"这个关键知识点时，告诉学员接下来他会让大家一起讨论一个问题。然后，Mac 把白板纸打开，展示要讨论的问题，并提出要求："请在座的各位学员思考一下这个问题，在思考时，你们可以同时做一个自己在坐着的时候最喜欢的拉伸动作。"为了让学员快速理解这个教学活动，Mac 先演示了一个拉伸的动作，如伸懒腰，同时提醒学员不要忘了思考这个问题。

- 在大概 1 分钟后，Mac 邀请所有学员都起立，并提出要求："请在座的各位学员现在做一个自己在站着的时候最喜欢的拉伸动作，并一边拉伸一边寻找自己身边的一个学员，与其交流自己对刚才的问题的答案。"

- 在大概 1 分钟后，Mac 结束活动，请学员坐好。

活动点评：

　　"拉伸分享"活动的主要目的在于让学员能够坐在椅子上或者站起来活动一下，通过进行肢体运动让大脑得到放松。而且，我们在活动设计中搭配了一个和课程主题有关的关键研讨问题，让这个单纯的肢体运动与学员所学的课程内容紧密联系起来，不会让学员觉得仅仅是为了进行肢体运动而运动。有些讲师在上课时可能会这样说："现在是下午，大家可能比较困，谁如果觉得困了，就可以站起来听讲。"虽然讲师这么说，但绝大多数人是不会因为困倦而站起来的。所以，讲师可以在此时进行"拉伸分享"活动，这样既能让学员恢复精神，又不显得尴尬。

大脑喜欢社交

　　大脑很喜欢社交这个元素。杰伊·克劳斯（Jay Cross）在《非正式学习》[①]中写道："人类存在于人际网络中。学习就是社交。我们的学习离不开他人的参与。"有几十万人参加过美国 Inscape Publishing 公司（已被 John Wiley & Sons, Inc.收购）开发的 Personal Learning Insights Profile 测评，根据测评结果，有 75%的学员属于"参与型"学员，这些学员喜欢和其他学员一起讨论、一起交流、一起学习；另有 25%的学员属于"反思型"学员，这些学员在参与和其他学员的讨论之前，倾向于自己先思考，他们更愿意自己通过阅读材料的方式进行学习。当然，这并不是说这 25%的学员不喜欢与其他学员交流，只不过这些学员在与其他学员交流之前，更倾向于自己先有自己的想法和形成自己的思路。因此，希望与其他学员交流、在课堂上与其他学员建立社交关系，几乎是所有学员都有的倾向。因此，学员

---

① Jay Cross. Informal Learning. Pfeiffer, 2006.

在教学活动中与其他学员交流、共同完成挑战和学习任务等这些行为，均属于社交行为。

那么，让学员沟通与交流的社交频率如何确定呢？我们认为，每隔20分钟左右就让学员进行一次沟通与交流是比较合理的。在前面的章节中我们做过一个比喻，讲师给学员讲课就好比妈妈喂小宝宝吃饭，如果妈妈一直喂，小宝宝就可能被噎住。为了能让学员"嚼一嚼并咽下去"课程的内容食粮，讲师需要设置很多让学员分享、交流与吸收的教学活动。开口说话的分享活动能表明学员已经做完"嚼一嚼并咽下去"的动作，因为开口说话的分享活动意味着学员要把自己听到的课程内容用自己的语言组织起来，其前提就是学员已经理解了课程的内容，并与自己的已有知识进行了联结。托尼·伯赞（Tony Buzan）在其著作《全脑思考》中提出，一个成人带着理解能力倾听的时间是90分钟，因此学员在听课90分钟后必须休息一下，而一个成人带着吸收能力倾听的时间大概是20分钟，因此讲师每隔20分钟就让学员进行一次沟通与交流比较好。

以上我们所讲的社交，是一个广义的概念，泛指学员在课堂上的沟通、交流、分享及其他彼此了解和熟识的行为。此外，很多讲师在设计教学活动时还会涉及狭义上的社交概念，即学员互相介绍自己、交流个人的信息，学员介绍与交流的信息与课程内容没有直接的关联。有人认为学员在课堂上的这种狭义的社交是在浪费时间，我们认为这种说法既"对"，也"不对"。

说它"对"，是因为有些讲师把让学员进行个人介绍这个环节设计得过于冗长、烦琐，导致学员失去耐心和兴趣。最典型的一个活动就是在课程开始时，讲师请每个学员轮流介绍自己，这常常会占用15~30分钟的时间，而且到了后面的学员做介绍时，很多学员已经觉得无聊了。这种做法在我们看来确实是在浪费时间。

说它"不对"，是因为人的大脑很喜欢这种纯粹个人层面的社交。相互了解彼此的喜好、特征和背景等信息，对于创造一个积极与开放的课堂环境非常有帮助。

每个讲师都希望自己的学员能够热情地投入到学习中，尤其是在分享与交流时可以积极主动，"知无不言，言无不尽"。美国著名的教学活动设计专家贝姬·派克·普洛斯（Becky Pike Pluth）认为，从大脑的层面来看，学员在课堂上要达到这种"开放"的状态，之前必须先经历以下两个阶段[①]。

- 控制阶段。学员先要感知到自己是可以控制课堂环境的。一个让学员感到紧张、有压力、尴尬、生气的课堂环境是不可控的，在没有掌控感的情绪中，学员的表现是尽量沉默，避免与他人眼神接触，不愿意参与教学活动。因此，讲师要尽量让学员在课堂上受到尊重、感到轻松，让学员感到自己有掌控感。

- 融入阶段。在学员感到没有人会让自己尴尬、没有人会给自己压力后，学员的下一个心理诉求（希望融入该学习环境）就会出现。学员需要知道是谁在和自己一起学习，他们对课程的心理诉求是否和自己一样，他们对即将学习的课程内容有什么困惑、对刚刚学习过的课程内容有什么收获。对一起学习的伙伴有所了解，是每个学员的心理诉求。如果学员对周围的人始终都比较陌生，与他们缺少人际的链接，那么在思考、发言、讨论时，学员的表现会比较保守和谨慎。学员之间的个人社交活动有助于满足学员"希望融入该学习环境"的心理诉求。

活动名称：我的另一半

活动设计与实施要点：
- Mac 为学员准备了一套卡片，这些卡片每两张都可以组成一个有意义的组合，如典型的正、反义词（如战争与和平），合在一起有

[①] Pluth B P. Creative Training: A Train-the-Trainer Field Guide. Creative Training Productions LLC，2016：64.

意义的词（如安娜和卡列尼娜、炸鸡和薯条等），同一类词（如冰雹和闪电）等。

- Mac 请每个学员抽取一张卡片拿在手中，然后请每个学员起立并在教室中寻找自己卡片组合的另一半。但 Mac 并没有把组词的规则告诉学员，只是请学员自己来摸索规律。在找到另一半后，两个学员就可以站在一起。

- Mac 邀请组成一个组合的学员互相认识，并分享自己的个人信息（名字、工作岗位、个人爱好等），以及对本次课程的目标等。

- 在所有组合都交流完毕后，学员回到自己的座位上。Mac 收回卡片，在后续上课的过程中，Mac 可以根据需要重新进行这个活动，让学员有机会找到新的伙伴进行交流。

活动点评：

"我的另一半"活动简单且容易操作，学员对摸索词语配对的规律，以及找到谁和自己是一个组合有着强烈的好奇心。学员在找到"另一半"后，会对他产生亲近感，这容易促进交流与融入。卡片可以多次使用，每次找到的"另一半"不同，也会给学员带来新鲜感。除此之外，讲师还可以设置 4 人一组的卡片，如在刚才的例子中，在"战争与和平"组成一个组合后，还可以与"安娜和卡列尼娜"这——个组合组成 4 人的组合进行交流，因为它们都是俄国作家列夫·托尔斯泰的著作名称。

大脑喜欢图形

实验证明，当同一段信息分别以口头、文字和图形的形式向受众进行传递时，受众对图形的吸收和理解程度最高。这说明在促进大脑接收与记忆信息方面，图形与口头、文字相比具有非常大的优势。换句话说，输入的信息越可视化，该信息就越有可能被大脑认知和存储，也就越容易被检索和回忆起来，这个现象甚至有了自己的专有名称——图优效应（Pictorial Superiority Effect，PSE）[①]。

同样的道理，如果学员在课堂上接触的信息有很多是以图形的方式呈现的，那么学员的记忆会更加深刻。

运用图形元素设计出来的教学活动有很多，基本可以分为两大类：一类是让学员看图形；另一类是让学员自己创造图形。

- 在让学员看图形时，讲师最好能在教学活动中加入一些挑战。例如，让学员猜测图形的含义、为图形分类、为图形排序等。单纯只是为文字配上图形，对学员的刺激不够。我曾经为一家农药公司设计过一个和土豆杀虫剂相关的培训课程，其中有一个学员很喜欢的教学活动，那就是把所有的害虫照片都打印出来放在各小组的桌子上，并要求学员按照一定的标准（如这些害虫出现的月份）进行排序，这个看似简单的教学活动，却激发了学员极大的投入度。

- 让学员自己创造图形的教学活动可以分为两类。一类是让学员在听完一段内容后，用图形的方式来表达自己的理解。例如，在很多企业文化培训课程的结束环节中，讲师会请学员以小组为单位，结合自己对企业文化的理解，设计一件文化衫。这样的教学活动既让学员觉得有趣，又促使学员对所学的课程内容有深度的理解，这是一个符合脑科学原理的教学活动。另一类是图形记录活动，即用图形的方式，为学员创造一个记录课程内容的结构化的空间。下面就来看一个图形记录活动——"图形记录"。

[①] 约翰·梅迪纳. 让大脑自由——释放天赋的 12 条定律（经典版）. 杨光，冯立岩，译. 杭州：浙江人民出版社，2015.

活动名称：图形记录

活动设计与实施要点：

- Mac 正在给公司的内部讲师讲解呈现技巧。这个课程大概需要 3 天的时间，课程内容包括非常多的呈现技巧，既包括讲师在授课时如何发声、如何运用各种语言技巧，又包括讲师在开发课程时如何制作 PPT 等。3 天的课程内容繁多且琐碎。

- Mac 在学员手册的最后一页上设计了一个珍珠项链，如下图所示。

制作你自己的珍珠项链

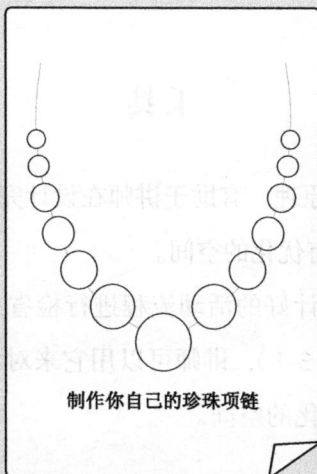

- 在课程开始时，Mac 就对学员说，在接下来 3 天的学习过程中，每当你有了一个新的收获，就请你翻到学员手册的最后一页，把这个收获记录在一颗珍珠里。这个收获可能是你之前不知道的信息，也可能是讲师介绍的某个方法、技巧等。希望在 3 天的时间里，大家都能"集齐"珍珠项链上所有的小珍珠，也就是把这些珍珠里面填满自己的收获。

活动点评：

"图形记录"活动是符合脑科学原理的教学活动。脑科学方面的研究表明，学员在用笔记录时，不仅能记住写下的信息，还能记住信息写在什么位置。因此，讲师为学员记录课程的关键知识点搭建一个合适的图形结构非常重要。同时，图形增强了记录的趣味性，这比让学员在一张白纸上或者在自己的本子上记录更加好玩。为了增加学员做记录的趣味性，讲师还可以为学员提供不同颜色、不同粗细的彩笔，以及不同颜色、不同形状（如星形、心形、各种花形等）的彩色贴纸，让学员有机会不断装饰图形。经过装饰的图形中拥有丰富多彩的图形元素，能让学员的记忆更加深刻。

工具

本章介绍的脑科学原理，有助于讲师在设计完活动流程后检省活动流程，看活动流程是否还有优化的空间。

为了帮助讲师对设计好的活动流程进行检省，我们设计了一个活动流程检省工具表（见表 3-1），讲师可以用它来对活动流程进行分析，看活动流程是否有可以优化的空间。

表 3-1　活动流程检省工具表

脑科学原理	标　准	是否满足	如何优化
大脑喜欢新奇	每隔 10 分钟就改变学习环境		
大脑喜欢运动	每 60 分钟至少进行一次肢体运动		
大脑喜欢社交	每隔 20 分钟就让学员进行一次沟通与交流		
大脑喜欢图形	关键、重要的知识点包含图形元素		

教学活动引导

如果说讲师在设计教学活动时是影视剧的编剧，那么讲师在课堂上引导学员实施教学活动时，就变成导演了。在课堂上，讲师要按照事先设计好的活动流程去引导学员实施这些教学活动。

那么，是不是讲师设计好了活动流程就一定能在课堂上引导和实施好这些教学活动呢？答案是否定的。曾在课堂上引导过教学活动的讲师都知道现场实施的细节非常关键。有时，讲师有一句话没有说清楚或者忘记讲了，教学活动的效果就会大打折扣。同时，学员对教学活动的反应更是千差万别。当讲师在课堂上引导和实施教学活动时，学员可能会误解讲师的意思、不认真听讲师讲解，甚至不愿意参与教学活动等。面对这些困难与挑战，讲师在引导和实施教学活动时，必须使用一些方法，才能引导和实施好教学活动。

本书的第二部分会详细介绍一些实用的方法，来帮助讲师解决在各类场景中引导和实施教学活动时遇到的困难与挑战。每章的内容概述如下。

- 第四章按照一个教学流程的基本过程来介绍教学活动引导方法。主要内容包括如何布置学习环境、如何向学员解释教学活动的要求、如何管理小组、如何管理小组讨论与发言等。同时，第四章还围绕"排排坐"场景中的教学活动的引导和实施，提供了一些方法。
- 第五章从更深的层面去分析学员在参与教学活动时的心理动机。讲师理解了学员的动机，就能够知道如何让学员更好地参与教学活动。除了介绍与心理动机相关的理论，第五章还针对学员不同的心理动机介绍了一些实用的教学活动。
- 第六章针对讲师在引导和实施教学活动时遇到的一些挑战性场景，介绍如何运用教学活动设计与引导方法，去应对或者避免学员的挑战性行为。

第四章 如何有效引导教学活动的实施

如何布置学习环境

在美国人才发展协会（Association for Talent Development，ATD）举办的一次会议上，一位分享嘉宾的发言主题是"如何激励你的学员"。这个话题非常受欢迎，很多听众挤在教室中，希望得到激励学员的秘诀。分享嘉宾是一位头发花白的资深讲师，他笑眯眯地看着听众，开始了他的发言。对于他说的第一句话，至今我还记忆犹新。他说："作为讲师，我们没有办法激励学员。"他的话音一落，整个教室里立刻鸦雀无声，所有听众都用充满疑惑和不解的目光紧紧地盯着这位讲师。

这位讲师继续解释道，每个人的内在动机都必须是自己树立的，是自己为自己的行动找到的理由，外人很难通过鼓励、说服等方式来帮助一个人树立自己的内在动机。我听到这个解释后，恍若醍醐灌顶，我想到很多中国的孩子，他们从小到大，家长和教师一直在向他们灌输"一定要好好学习，否则以后会后悔"等思想，但这些灌输对很多孩子似乎都收效甚微。反观那些出类拔萃的人，他们在分享自己成功的经验时都表现出很强的自我驱动力、能为自己找到成长的理由与目标。回到我们的培训课堂上，一个学员想投入到学习中的内在驱动力必须来自自己。

既然"讲师没有办法激励学员"，那么讲师只能在课堂上放任学员而自己无所作为吗？对于这个疑惑，这位讲师很快给出了解释。他说，虽然讲师通过直接说教激励学员的内在动机的效果微乎其微，但通过改变学习环境去影响学员的内在动机能取得很好的效果。一个学员在某种学习环境中对学习感到索然无味，但在另一种学习环境中就可能情绪高昂而学得津津有味。学会布置学习环境，是讲师必备的基本技能。

　　作为学员，如果你走进一个教室，教室里的灯光柔和，教室里干净、整齐、温度适宜、空气清新、有着合适的背景音乐，教室的墙上张贴着五颜六色的海报，桌子上不仅铺着漂亮的桌布，还摆放着各种颜色、各种形状的、有趣的教具，那么你是否会感到非常愉悦呢？当你坐在自己的座位上时，是否更有意愿和他人交流，更加迫不及待地想了解课程内容呢？答案是肯定的。反之，如果你走进一个教室，教室里的灯光昏暗或者强烈到刺眼，教室里的温度不适宜（过低或过高）、空气不清新，教师里的椅子是传统的"排排坐"形式的，教室的墙壁和桌子上光秃秃的，讲台距离你有一段距离，那么你是否愿意在这样的教室里学习呢？答案是否定的。

　　当然，讲师并不是每次都有机会选择最合适的教室，但是提前来到教室，在力所能及的范围内做好教室的布置，创造好的学习环境，让学习环境中包含更多有利于学习的元素，应该是讲师能做到的。如果可以选择，那么可以将学员的椅子按照鱼骨形或 U 形排列。如果在教室里只能把学员的椅子布置成"排排坐"的形式，那么讲师需要在教学活动的设计上多花些心思，做一些特殊的设计。我们在本章的后面会讲解"排排坐"场景中的教学活动的设计方法。

　　既然改变学习环境可以影响学员的内在动机，那么讲师在布置学习环境时，需要考虑哪些具体的因素呢？围绕每个因素，需要注意哪些细节和操作的方法呢？下面我们来详细介绍。

教室面积

　　讲师选择多大的教室比较合适呢？原则是不小不大。不小，是指不要让教室显得局促。桌子和桌子之间、椅子和椅子之间都要有充分的空间，要让学员有走路、站立和转身的空间，要让学员能在各种教学活动中随时起立活动。每个小组（一般围坐在一张桌子旁）和四周的墙之间最好有一定的距离，学员要有足够的空间，能以小组为单位站立在墙边，做一些交流和研讨活动。不大，是指教室不要显得空旷。过于宽大的教室会让学员产生疏远感。如果某次培训课程被安排在了一个大礼堂中，那么讲师可以尝试用桌子在学员座位区域的周围围一个圈，与大的空间创造出隔离感。

有一次，我在一家企业的大礼堂中做培训，大礼堂中闲置了很多长条桌，这些长条桌的桌面可以竖起来，于是我用长条桌围出一个教学区域，如图 4-1 所示。我把不在教学区域内的顶灯都熄灭，只打开教学区域内的顶灯，很好地降低了空旷的教室对学员造成的影响。大家围坐在一起上课，有较好的安全感和融合感。

图 4-1　用长条桌围出的教学区域

桌椅摆放

假如明天 Mac 会在公司里进行一次新经理的培训，目前各个部门已经有 40 个人报名，根据 Mac 的经验，大概率会有 10 个左右的学员临时请假。请问，明天早上 Mac 最好在教室里摆放几把椅子？40 把？42 把？30 把？35 把？

相信大多数人会选择摆放 40 把椅子，因为这与报名人数一致。我们建议在教室里摆放 28 把椅子，在教室的角落里预留三四把椅子。我们之所以建议少摆放椅子，一方面是希望教室里有充分的空间留给教学活动的实施；另一方面是不希望有太多的空椅子留在教室里，因为空椅子会让在教室里的学员觉得这个培训并没有那么受欢迎、并没有那么稀缺，甚至会让有些学员暗暗后悔自己为什么放弃忙碌的工作来参加这个培训。相反，如果教室里的每把椅子都有学员坐，甚至有的学员不得不从教室的角落里拿一把椅子加进来，就会让学员觉得这是一次很受欢迎的培训，在座的各位学员都信守了承诺、互相尊重等。因此，在桌椅摆放方面，我们的第一个建议是，椅子的数量比实际到场的学员数少两个。

我们的第二个建议是，桌椅的摆放要尽量让每个学员的脸都能被其他学员看到。在教室里，学员之间的互相监督对学员来说非常关键。讲师通常都有一些不太希望学员做的事，如看手机、用电脑工作、睡觉、交头接耳等。如果一个学员可以做这些事，并且可以轻易地不被任何人看到，那么他做这些事的概率会大大提升，因为这时他没有任何心理负担和约束。这也是在"排排坐"的教室布置模式中，学员学习效果比较差的一个原因。反之，如果一个学员的行为能被其他学员看到，那么他会或多或少地收敛自己的一些不当行为。因此，在桌椅摆放成鱼骨形时，每个学员都能看到其他学员，学员的表现就会好很多。如果教室的空间允许，那么讲师可以把几张桌子的摆放变成错落有致的，这样效果会更好。

我们的第三个建议是，小组的桌子不要太大。很多企业使用长 1.2 ~ 1.4 米、宽约 0.6 米的桌子。在培训时，培训管理者会把 3 张桌子拼在一起，组成一张大桌子，让学员围坐在大桌子旁组成一组。如果碰到这种情况，那么我们建议仅把两张桌子拼在一起，因为过大的桌子会让小组讨论徒有其名。原因很简单，因为桌子太大，坐对角的学员听不到彼此说话，就谈不上讨论了。

我曾经去一家企业培训，这家企业的培训教室里都是企业自己定制的桌子，桌子非常大，两张桌子拼在一起后就组成了 2 米×2 米的大桌子。此外，该次培训中每张大桌子旁边都坐了 10 个学员。以上这些都不是我能更改的因素。于是，在两天的培训中，我全程使用的分组模式都是让座位相邻的两三个学员组成小组。如果不这样操作，那么学员在研讨时，当坐在大桌子一个角落的学员说话时，坐在大桌子另一个角落的学员可能因为听不到而做其他事。而当这个学员开始做其他事时，就可能产生传染效应——同组的其他学员也会慢慢脱离研讨。

光线与颜色

人在进入一个空间后，是在用全身的感官接收外界环境传递的信息的。外界环境中的光线、颜色等，都会对人产生影响。

- 光线。如果教室里有一面很大的玻璃窗，阳光照射进来之后教室非常明亮，那么你会如何处理？在学习环境中，阳光不一定是最好的，因为有时阳光可能强烈到刺眼。比较理想的处理办法是，用遮光帘遮挡阳光。不过不要把玻璃窗全部挡住，可以不遮挡玻璃窗下面 1/3 的部分，如图 4-2 所示。同时在教室里打开光线接近阳光的照明灯，这样教室里既有明亮的阳光，又有能保证学员看投影或者看书的光（来自照明灯），使教室里的光线不刺眼。

图 4-2　不遮挡玻璃窗下面 1/3 的部分

- 颜色。根据脑科学研究者研究的结果，鲜艳的颜色能使大脑细胞更加活跃，进而让人的情绪更加活跃。即使讲师在讲严肃的理论知识，也应该在学习环境中融入更多的颜色。讲师如何在学习环境中融入更多的颜色呢？讲师可以把课程中的关键知识点或者核心模型绘制成彩色的海报，这些彩色的海报还可以作为教学活动的载体。
  - ➤ 制作彩色的海报。讲师至少可以采用两种方式来制作彩色的海报。第一种，讲师在白板纸上画图、写字。白板纸是讲师在布置学习环境时一个非常有用的工具。在白板纸上，讲师可以画上课程中的核心模型，也可以写上课堂上的各种规则，在课前张贴在教室的墙上。在画图、写字时，讲师可以选择颜色鲜艳的马克笔，让白板纸上的颜色更丰富。第二种，打印彩色的海报。每次课前讲师都在白板纸上画图、写字，这非常麻烦，一种比较省力的方法是，讲师在设计好图形与文字并用电脑绘制完成后，将其打印出来做成海报，这样就可以重复利用，携带也较方便。我们为自己的课堂设计的两张彩色的海报如图 4-3所示。

图 4-3　彩色的海报

利用贴在墙上的彩色的海报，讲师还可以设计与实施不同的教学活动。"博物馆游览"就是一个很好的教学活动。

活动名称：博物馆游览

活动设计与实施要点：

- Mac 正在为公司的工程师培训"一线管理者如何做好人才的选、

用、育、留"这个课程。他把课程中的七八个核心模型都打印到白纸板上，制作成彩色的海报，张贴在教室的墙上。而且不同的核心模型使用的颜色各不相同。例如，下图就是高效授权四步法的核心模型。

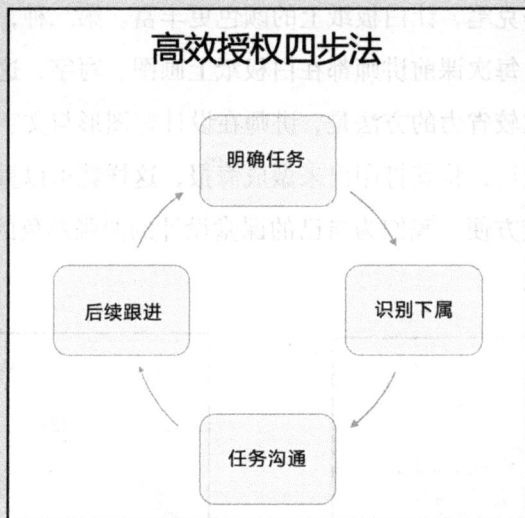

高效授权四步法

明确任务

识别下属

任务沟通

后续跟进

- 在课程进行到一半时，Mac 请全体学员起立，让学员以小组为单位，像参观博物馆里的名画一样，在每一张海报前停留 2~3 分钟，做一些简单的交流。交流的内容可以是对核心模型内容的理解、对核心模型含义及使用方法的困惑，也可以是自己在以往应用时的一些感受。
- 每个小组都需要参观完所有海报，大概用时 15 分钟。学员在结束活动后回到自己的座位上。

活动点评：

"博物馆游览"是融合色彩、肢体运动、社交、图形等诸多元素的教学活动。其核心环节是让学员以小组为单位，参观教室里所有的海报，并围绕海报上所展示的内容做一些交流。讲师在实际运用这个教学活动时，可以有如下多种变形。

- 用在课程开始时。学员虽然还没有学习这些内容，但可以提前了解一下即将学习到的内容，并基于自己对这些内容已有的理解和认知，围绕不同的课程主题分享自己遇到的挑战和自己对学习收获的预期。

- 用在课程结束时。学员可以结伴"游览"复习课程中的关键知识点或者核心模型，交流学习收获，并分享自己在回到工作岗位上后对这些关键知识点或者核心模型的应用计划。

- 用在课程结束时，但改变一下海报的内容。例如，讲师围绕课程内容给出 10 道左右的填空题、选择题或者问答题，分别打印在 10 张白板纸上，要求学员结对参观这些白板纸，并互相交流、一起给出答案。

> 除了彩色海报，讲师还可以为桌子铺上颜色鲜艳的桌布，在桌子上准备好彩笔、五颜六色的小圆点贴纸、彩色书签、不同颜色的便利贴等，来为学习环境融入更多的颜色。

背景音乐

在布置学习环境时，还有一个非常重要的元素不可忽略：背景音乐。背景音乐是流动的空气，可以改变学习环境。背景音乐可以用在培训开始前或者休息期间。当学员在课堂上进行小组讨论时、学员自己反思所学的课程内容时，讲师也可以使用背景音乐。背景音乐常见的使用时机和注意事项如下。

- 在学员进入教室时，讲师播放活泼、欢快的背景音乐，能让学员比较容易进入愉悦和情绪高昂的状态，能让学员感到放松，还能使学员更乐于和他人交流。

- 在学员进行小组讨论时，讲师播放相对欢快的背景音乐，可以让学员快速适应讨论氛围，使学员比较容易进入讨论状态。尤其是讲师在课堂上实施最初的几个教学活动时，学员对讲师和其他学员还不太熟悉，学员相对拘谨，这时讲师播放相对欢快的背景音乐可以拉近学员和讲师及其他学员之间的距离。讲师在小组讨论过程中播放背景音乐，还可以为学员提供"隐私"的空间。如果没有背景音乐，很多学员就会倾向于压低声音说话。而一定音量的背景音乐可以避免这种情况，学员可以在小组内畅所欲言，而不必担心被其他组的学员听到，学员在心理上更加有安全感。

- 在学员自己反思所学的课程内容时，如果教室里非常沉寂，学员就容易昏昏欲睡。这时讲师播放有节奏的、相对舒缓的音乐，可以使学员更加集中注意力。

- 还有一个非常重要的节点需要播放背景音乐：在课程结束后。根据我们的经验，课程结束后的一段时间是一些学员活跃社交的时间。这时有很多学员会与其他学员交流彼此对课程的感受、互留联系方式，有些学员会继续向讲师提问。这时讲师播放欢快的、让人心情愉悦的背景音乐特别能烘托气氛，让学员带着开心、满意的心情离开教室。

在选择背景音乐时，有一点需要注意：不要选择那些很容易被学员识别出旋律的背景音乐，尤其是用于小组讨论时的背景音乐，最好不要选择人们耳熟能详的背景音乐，否则学员的注意力很容易被背景音乐吸引，这就与讲师播放背景音乐的目的背道而驰了。因此，讲师可以在平时多收集一些轻音乐、无歌词的音乐，尤其是人们并不是特别熟悉的音乐，以供培训课程使用。另外，讲师在播放背景音乐时还要注意控制音量，以不影响两个学员交流为宜。如果在播放背景音乐时两个学员必须大声说话才能交流，就表明背景音乐的音量太大了。

如何向学员解释教学活动的要求

讲师在课堂上引导和实施教学活动时，首先要做的就是向学员解释教学活动的要求，让学员愿意并能够按照讲师设计好的活动流程完成教学活动。向学员解释教学活动的要求这个环节，对讲师能否顺利地引导和实施教学活动具有非常大的影响。我们在工作中看到的实际情况是，一些讲师在向学员解释教学活动的要求时常常丢三落四，有些该说的话没有说，或者说得不够完整、清晰。这样往往导致有些学员不愿意参与教学活动、不遵守讲师的一些指令；有些学员在参与教学活动时没有纪律感，使教室里闹哄哄的，让教学活动失去控制；有些学员在参与教学活动时提出一些让讲师尴尬的意见或问题。

为了避免上述情况出现，我们建议讲师在向学员解释教学活动的要求时遵循下面的步骤，以最大限度地确保教学活动顺利开展并取得预期的效果。在解释各个步骤时，我们仍以 Mac 的"跨部门沟通"课程中的"情感账户"这个关键知识点为例。

第一步：说明活动目的

讲师要给学员清晰的指令，告诉学员接下来会进行一个教学活动，并说明活动目的是什么。

例如，Mac 在即将开始"情感账户"的小组讨论时可以这样说："接下来，我们会用 10 分钟的时间做一个小组讨论，目的是让大家通过小组讨论来理解'情感账户'的概念。"

第二步：解释信号

这里的信号是指教学活动正式开始的信号。为什么讲师要先解释信号呢？这是因为学员的学习风格不尽相同，有的学员关注细节，围绕讲师的教学活动要求能提出很多小问题；有的学员则大大咧咧的，属于行动派，一听完教学活动的要求就希望马上开始。为了能够让所有学员都站在同一条起跑线上，让所有学员都能在一致的步调和节奏上行动，讲师最好先说明"活动现在先不开始，一会儿在听到信号后再开始"，这样讲师就能预留出充分的时间，进行教学活动要求的解释。

例如，Mac 可以这样解释信号："大家先别急着开始，等我先把小组讨论的要求说清楚，一会儿我说'开始'的时候，大家再开始。"这样，Mac 就解释清楚了教学活动的信号。

第三步：激发学员的参与动机

在介绍教学活动的具体步骤、产出要求之前，有经验的讲师会花费时间和精力去激发学员的参与动机。因为有的学员只有觉得这个教学活动是有用的、有价值的，才会积极参与。

例如，Mac 可以这样介绍："在工作中，同事关系对我们来说很重要，我们要学会平时如何向同事关系的'情感账户'中存钱，这样才能在关键时刻得到同事的帮助。在接下来的小组讨论中，我们需要找到能促进同事关系的行之有效的行为。"

激发学员的参与动机这个环节，几乎可以算是向学员解释教学活动的要求中最重要的一个环节了。"成人是目的感特别强的动物"，如果学员不清楚这个教学活动与自己的关联、没找到参与的意义和价值，他们就会倾向于不参与。

有一次，我在一家高科技公司进行培训，学员都是技术团队的管理者。在一个教学活动中，我介绍了一个大脑的信息处理原理。在介绍完后，我邀请现场的学员在自己的学员手册中整理一下自己刚刚听到的信息，并在学员手册上运用一个小图形来表达自己对该原理的理解。在说完教学活动的要求后，我发现有两三个学员放下手中的笔，身子向后仰，做出休息状。他们的肢体语言告诉我，他们对这个教学活动不屑一顾，他们可能觉得画图这样的活动太幼稚了。

在有了这次教训后，我在另一次培训中引导这个教学活动时这样布置："接下来，我会请大家在纸上画一个小图形。大家刚刚听了我讲解的脑科学原理，我想请你们深度思考和整理一下你们刚刚听到的信息，并尝试用一个小图形把自己的理解表达出来。大家可别小看这个小图形，要知道画一个小图形可比写一段文字难多了，如果没有对信息进行深度理解，就没有办法在脑海里形成一个小图形。"最后这句话其实就是在强调这个教学活动的意义和价值。我惊喜地发现，在加入这句激发学员的参与动机的引导语后，再也没有学员对这个教学活动不屑一顾了。

第四步：解释教学活动的要求

当学员明白他们即将进行的教学活动是有价值、有意义的活动时，他们接下来需要知道的是教学活动的要求。讲师要把教学活动的具体步骤、产出要求等详细地进行介绍，最好把这些内容写在 PPT 或者白板纸上，一直展示在教室中，防止有的学员漏听或忘记。

如果即将进行的教学活动步骤较多（3 步及以上），那么讲师还需运用一个非常重要的操作方法——在说完一个步骤的要求后，停下来让学员去做，在确认所有学员都完成这个步骤后，再介绍下一个步骤的要求，再停下来让学员去做，以此类推，引导和实施完成整个教学活动。这样操作的理由很简单，如果教学活动的步骤较多，讲师一次性把所有要求都说完，就会有许多学员记不全。在教学活动进行过程中，记不全要求的学员就不知道该怎么做了，还需要讲师再重复要求，这样会打乱教学活动应有的节奏；又或者有的学员按照自己的错误理解去做，如果其他学员要纠正他们，双方就会有争论，这会让教学活动现场比较混乱，从而影响教学活动的效果。

回到 Mac 的教学活动中，他需要学员先自己思考"如何向'情感账户'中存钱"这个问题，然后进行小组讨论，最后各小组推选代表与全班学员分享小组讨论的答案。很多讲师在引导这种教学活动时，可能会这样向学员解释："一会儿大家先自己思考，并在纸上写下自己的答案。在写好自己的答案后，大家要在小组内进行交流，各小组在合并组员的相似答案后，把自己小组讨论的答案写在自己小组的白板纸上，准备与全班学员分享。"

在这段教学活动要求的解释中，讲师对学员提出了 5 个行为要求：写—交流—合并—记录—分享。这几个行为要求看似没什么问题，但在实施教学活动时讲师会发现，有些学员不会写下自己的答案，他们很可能在稍微思考后就与身旁的学员进行交流，并慢慢地吸引整个小组直接进行小组讨论。这样一来，教学活动的"个人"环节（即让学员先自己思考，并在纸上写下自己的答案）就落空了。

为保证教学活动按照预期的步骤来进行，Mac 可以这样解释："首先，请大家都拿出一张白纸和一支笔。"说完之后 Mac 暂停并环顾四周，留出 5 ~ 10 秒的时间来确认所有学员都拿出了纸和笔。接着，Mac 继续说："我看大家都准备好了，接下来，请用一些时间思考这个关键研讨问题，请你先想起一个与你关系要好的同事，关于这个同事，请思考一下你的哪些行为是在向你们的'情感账户'中存钱，而因为有了这些行为，你们的关系变得更好了。每个学员至少罗列 3 项行为。"说完之后 Mac 暂停，给学员 2 ~ 3 分钟的时间去思考和写下答案。等学员差不多都停笔时，Mac 就可以继续解释教学活动的要求，并引导和实施整个教学活动。这种阶段性解释要求、阶段性确认产出结果的方法，可以非常好地让学员配合讲师的要求，确保学员能有秩序地参与和完成教学活动。

第五步：示范答案

讲师在解释完教学活动的要求后，可以马上让学员开始进行教学活动了吗？不一定。很多教学活动中的关键研讨问题比较抽象，学员的理解并不一定准确。例如，一个讲师想让学员讨论"能够加快个人成长的方法有哪些"，结果他看到学员的思路差别很大，有的学员想的是上什么课、读什么书，有的学员则想的是需要培养自己的哪些品质等。而且，学员的这些答案也许并不是讲师期待的。因此，讲师有必要向学员提供一个示范答案，清晰地告诉学员小组讨论的答案应该符合什么标准。

例如，Mac 可以在解释完小组讨论的要求后继续说："大家一会儿要写的行为可能会是什么行为呢？我来举个例子，同我关系最好的一个同事是我在上一家公司工作时的同事。那时我经常邀请他来我家做客，我也去过他家做客。我发现互相到对方家做客可以极大地拉近我们之间的关系。因此，我可以在我的白纸上写：邀请同事到家中做客是一项向'情感账户'中存钱的行为。以上只是我的一个例子，你们肯定还有很多其他行为，自己思考一下，至少写出 3 项行为。"通过给出一个例子，Mac 让学员更加明确自己要思考什么、接下来的小组讨论要得出什么样的答案，才算达到了这个教学活动的要求。反之，如果 Mac 不给出那个例子，那么学员写出的行为可能五花八门，让 Mac 很难去做最后的归纳与总结。

第六步：释放信号

在给出示范答案后，讲师要做的最后一步就是给学员释放一个清晰的信号，让学员开始实施教学活动。

例如，Mac 可以这样收尾："现在，我把教学活动的要求都说完了。大家有什么疑问吗？（环顾四周 5~10 秒）如果大家没有疑问，那么 5 分钟的讨论时间现在开始！"Mac 用已经和学员约定的信号，给了学员明确的开始信息。

以上就是我们为讲师推荐的解释教学活动要求的几个步骤。我们总结一下 Mac 在向学员解释教学活动的要求时所使用的话术，如表 4-1 所示。

表 4-1　Mac 在向学员解释教学活动的要求时所使用的话术

步　　骤	话　　术
说明活动目的	接下来，我们会用 10 分钟的时间来做一个小组讨论，目的是让大家通过小组讨论来理解"情感账户"的概念
解释信号	大家先别急着开始，等我先把小组讨论的要求说清楚，一会儿我说"开始"的时候，大家再开始
激发学员的参与动机	在工作中，同事关系对我们来说很重要，我们要学会平时如何向同事关系的"情感账户"中存钱，这样才能在关键时刻得到同事的帮助。在接下来的小组讨论中，我们需要找到能促进同事关系的行之有效的行为

步　骤	话　术
解释教学活动的要求	首先，请大家都拿出一张白纸和一支笔。（稍停顿）我看大家都准备好了，接下来，请用一些时间思考这个关键研讨问题，请你先想起一个与你关系要好的同事，关于这个同事，请思考一下你的哪些行为是在向你们的"情感账户"中存钱，而因为有了这些行为，你们的关系变得更好了。每个学员至少罗列3项行为
示范答案	大家一会儿要写的行为可能会是什么行为呢？我来举个例子，同我关系最好的一个同事是我在上一家公司工作时的同事。那时我经常邀请他来我家做客，我也去过他家做客。我发现互相到对方家做客可以极大地拉近我们之间的关系。因此，我可以在我的白纸上写：邀请同事到家中做客是一项向"情感账户"中存钱的行为。以上只是我的一个例子，你们肯定还有很多其他行为，自己思考一下，至少写出3项行为
释放信号	现在，我把教学活动的要求都说完了。大家有什么疑问吗？（环顾四周5～10秒）如果大家没有疑问，那么5分钟的讨论时间现在开始

讲师在备课时，可以提前准备主要教学活动的话术，这样在引导教学活动时就可以不慌不忙，而且更容易确保活动效果。

如何管理小组

在课堂上，讲师通常会把学员分成几个小组，让学员在小组内进行一些教学活动。根据我们的经验，很多讲师在划分小组时常用的做法及可能出现的状况如下。

- 在课程一开始就分好小组。很多讲师会让学员认识一下坐在同一张桌子旁边的其他学员，让他们组成一个小组，并选一个组长、起好组名。讲师通常会请各小组在教室的墙上贴一张白板纸，并在白板纸上写上本组的组名等信息。

- 在接下来的学习过程中，让组长负责带领组员完成各种教学活动。这时容易出现两种情况：一是组长没有承担起责任；二是组长成了小组的"代言人"，几乎所有教学活动中的全班分享环节或者需要小组代表做的事情，都由组长来完成。

- 分好的小组会贯穿课程的始终，中间不会有组员的变换。尤其是有些讲师会设计各小组竞争得分的机制，这样既使课程持续较长时间，又使组员不能变换。

在课程一开始就分好小组并且一直维持不变，的确是很多讲师普遍采用的做法。但是，这种做法会引发许多弊端，给讲师管理课堂、引导和实施教学活动带来挑战。这种做法常见的弊端有以下几个。

- 被选为组长的人，尤其是主观意愿并不强烈而"被迫"成为组长的人，会觉得自己受到了不公平的对待，而且认为为每次教学活动组织小组讨论、可能会成为小组的"代言人"等这些事很麻烦。这种心态在某种程度会上增加组长的心理负担，使其不能真正发挥组长的作用。

- 其他组员可能滋生惰性。其他组员可能会觉得凡事都有组长在做，自己可以偷懒。产生这种心态的学员可能会降低主动学习的动机，也会影响教学活动的效果。

- 一成不变的分组会促进"组内生态"的形成。在一个小组里，有的组员外向，爱表达；有的组员偏保守，不爱说话；有的组员比较激进，爱较真儿；有的组员忙于工作，在参与教学活动时比较敷衍。一般来讲，在做过两三个教学活动后，组员就会在心中有个默认的分工。于是经常出现的情况是，越到后面的教学活动，小组参与的情况越有分化，如总是那几个爱说话、爱较真儿的组员在主导教学活动（如讨论、分享），不爱说话、希望敷衍了事的组员甚至不参与教学活动（如沉默不语、忙于工作），这样一来，教学活动的效果就大打折扣了。

从上面的分析中可以看出，要想做好教学活动，讲师在管理小组方面也要讲究方法。下面给大家分享几个比较关键的管理小组的方法。讲师运用这些方法的主要目的是激发学员的内在动机和责任感，让学习成为学员自己的事。

决定每个小组的合理人数

每个小组有多少个学员是合适的呢？这由教学活动的性质来决定。

一般来说，如果是单纯的研讨与交流类的小组活动（如每个小组研讨一个案例问题并给出解决方案），那么我们建议 2~5 个学员比较合适，当超过 5 个学员时，需要有人在组内维持秩序，否则很容易出现自然的分裂，分裂成多个小组，或者有人并不参与研讨。

如果讲师组织的是一些游戏或者体验式教学活动，讲师就要根据游戏或者体验式教学活动的需要适当调整人数。例如，在很多类型的课程中，讲师都会安排角色扮演的教学活动，如果场景是一个客服人员如何应对客户的刁钻问题，那么一般每个小组会有 3 个学员，一个学员扮演客服人员，一个学员扮演客户，一个学员做观察员。

变换分组

对管理小组而言，我们认为最关键的是要学会变换分组。所谓变换分组，是指不要把一个小组的组员从课程开始到结束"一分到底"。变换分组的意义在于：一方面它可以避免"组内生态"的形成，防止某些强势的学员总是掌控组内教学活动的主导权，而另一些学员逐渐边缘化；另一方面，它可以让所有学员都有机会和不同的学员组成新的小组，在教学活动中听到新的观点、看法，进而增强新鲜感。由本书第三章所讲的脑科学原理可知，新鲜感能提升学员的学习效果。

我们对变换分组的操作建议：讲师如果把坐在相同桌子旁的学员分成一组，那么课堂中大概 1/2 的教学活动研讨与交流可以在这种小组内进行。

对于其他教学活动，讲师可以考虑变换分组方法，根据教学活动引导和实施的具体场景来思考并确定如何分组才是最合理的。

我们以 Mac 在"跨部门沟通"课程中围绕"情感账户"这个关键知识点所做的教学活动为例，来具体说明变换分组的方法。Mac 在这个教学活动中设计的关键研讨问题是："请你先想起一个与你关系要好的同事，关于这个同事，请思考一下你的哪些行为是在向你们的'情感账户'中存钱，而因为有了这些行为，你们的关系变得更好了。每个学员至少罗列 3 项行为。"按照 Mac 之前的设计，学员在写完后要与自己的组员进行分享。在这个环节中，Mac 也可以根据教学活动实施的不同场景，采用变换分组的模式来进行教学活动。

- 如果授课时间比较紧张，Mac 想节省交流的时间，就可以让学员仅和自己周围的学员形成两个学员的小组。这样一来，小组内的人数减少，研讨与交流的时间可以大大缩减。
- 如果这个教学活动在学员刚吃完午饭不久后进行，这时学员的身体能量值比较低，那么 Mac 可以请学员起立，并按一定的标准（如与自己的身高相似）找到其他小组的学员，组成新的 3 个学员的小组，互相分享与交流。我们在本书第三章中提到过，大脑喜欢运动，起立交流调动了学员的肢体运动，能提升学员的学习效果。

在本书第二章中我们介绍过"个人—小组 —全班"这个框架。如果对应到这个框架，那么这里所说的变换分组主要是指在"小组"环节中可以做些改变，而不仅仅局限于让坐在同一张桌子旁的学员进行交流。

某基金公司的产品经理为银行的理财经理授课，主要介绍中国的经济发展趋势、投资理财的机会点等内容。该产品经理为课程设计了一个小组讨论的教学活动，让学员讨论一下房地产行业未来的发展趋势（如趋势是向上、向下，还是平稳）。在引导和实施这个教学活动时，该产品经理先请学员独立思考并在纸上写下自己的答案。之后，该产品经理请不同选择的学员站在教室的不同区域内（如请选择"趋势向上"的学员站在教室的左前方，请选择"趋势向下"的学员站在教室的右前方，请选择"趋势平稳"的学员站在教室的中间），这样就把学员分成了3个小组。接下来，学员在各自的小组内进行交流，说明自己做出选择的理由，并汇总、整理、分享本组的观点与理由。该产品经理在教学活动中所采用的分组方式是一种有趣的分组方式。当然，他可以采用这种分组方式，有一个重要的前提——参加培训的学员人数不多，而且大家的观点比较分化，所以各小组的人数比较平均。如果学员人数太多，或者大多数学员的观点相似，那么在按这种方式分组后可能出现这样的情况：有的小组的学员人数很多，在小组发言时平均给每个学员的时间很少，甚至有些学员没有时间发言；有的小组的学员人数很少，他们的小组讨论很快就结束了，而其他小组的讨论还没结束，这时他们很容易去做与课程无关的事。

更换组长

为小组的每一轮讨论都更换组长是讲师管理小组的另一个有效方法。我们常常使用的方法是运用一些趣味性的标准来选组长，如各小组中头发最长的学员、各小组中身高最高的学员等。

经常更换组长的好处有以下几个。

- 可以让组员轮流当组长，均摊责任。讲师要强调，组长在教学活动中的责任是让所有组员都有机会分享，在规定的时间内带领小组完成任务，记录小组的答案，代表小组发言（不是必需的）。轮流当组长，可以让所有组员都为小组做出贡献。

- 运用趣味性的标准选组长可以让学员快速地进行沟通。例如，某一轮选组长的标准是家乡距离北京最远的学员，这样一来，学员就会快速地交流自己的家乡在哪里，而且学员在交流这个问题时不需要思考，可以立即进入交流状态。此外，借助交流家乡在哪里的机会，学员还能加深对彼此的了解，进一步促进在课堂上学员之间的社交关联。

最后要提示一点：讲师选组长的标准最好是客观的、有趣的，不要引起歧义或者带来争论，否则会给教学活动的开展带来阻碍。例如，有的讲师用过这样的标准：各小组中长得最帅的学员。因为帅的标准并不是客观的，讲师让各小组去找组内最帅的学员，反而让学员嘻嘻哈哈地在组内开起了玩笑，这不仅把要讨论的问题带偏了，还浪费了许多时间。

如何管理小组讨论与发言

讲师在引导和实施各类教学活动的过程中，一个几乎不可缺少的环节是，在学员进行小组讨论后，请各小组推选代表在全班学员面前发言。很多讲师的常用做法是请各小组在讨论时把讨论结果写在白板纸上，然后请各小组推选一个代表来展示自己小组的讨论结果。但是，这种做法可能会碰到如下几个挑战。

- 各小组的讨论进度不一致，有的小组很快就讨论完了，而有的小组迟迟讨论不出结果。当出现这种情况时，先完成的小组学员在等待时会很不耐烦，其注意力慢慢涣散；而未完成的小组学员会感到紧张、有压力。

- 在白板纸上书写讨论结果比较耗费时间。一般来讲，小组讨论和各个组发言至少需要 30 分钟才能完成。

- 各小组的讨论结果在很多时候重复性比较大，但讲师出于公平和照顾各小组学员学习积极性的考虑，不得不让所有小组都发言。因此，在学员总结发言时经常出现的情况是，从第二个小组开始，学员的发言就变成："我们小组的讨论结果和前面的差不多，我来简要介绍一下……"而且越往后的发言同前面重复的内容越多，导致学员的关注度越来越低。

那么，哪些方法可以帮助讲师很好地控制小组讨论与发言，使小组讨论与发言更加高效呢？下面我们来介绍 4 个方法。

控制讨论时间

我们先来看学员参与小组讨论的专注度的变化规律，如图 4-4 所示。在图 4-4 中，横轴表示的是讨论时间，纵轴表示的是讨论的专注度。在开始讨论时，学员往往需要一些时间来进入讨论状态。在讨论进行到规定时间的半程时，气氛是最热烈的。之后，可能有学员开始对讨论失去兴趣。如果讨论时间太长，就会有越来越多的学员退出讨论，最后只剩下一两个学员在窃窃私语，或者所有学员都开始忙自己的事。

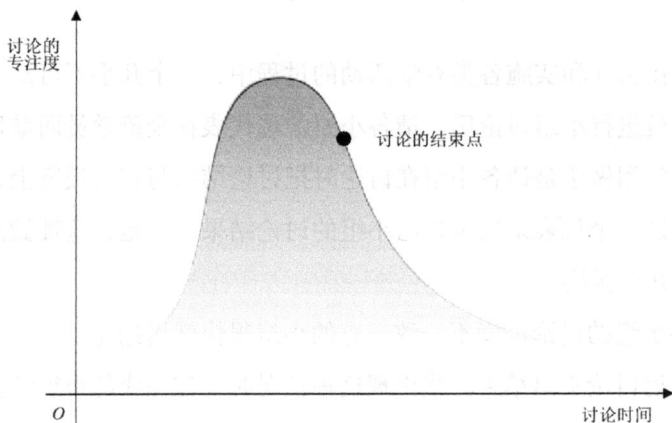

图 4-4 学员参与小组讨论的专注度的变化规律

在理解了学员参与小组讨论的专注度的变化规律后，讲师需要找准在什么时间点结束讨论最合适，即找准讨论的结束点。当然，针对不同教学活动中的小组讨论，讲师选择的讨论的结束点可能会不同，但通常在讨论越过顶峰，刚刚开始出现下行趋势时（图 4-4 中的讨论的结束点），讲师结束讨论是比较合理的。这样做的好处是，学员讨论的主体部分已经基本完成，可以进行分享了。另外，即使学员有少量还未完成的讨论，也不影响大局，而且可以让学员对接下来的各小组发言保持一定的兴趣。

因此，控制讨论时间是让讨论有效的一个关键动作。一般来讲，我们建议小组讨论的时间不要超过 10 分钟。

设置有弹性的讨论内容

在绝大部分小组讨论中，经常出现各小组讨论的结束点不一致的情况。这时，讲师既不能喊停，因为还有小组没有讨论完，又不能将讨论时间拖得太长，否则已经讨论完的小组学员会觉得很无聊而走神。这时，很多讲师的做法是与已经讨论完的小组学员进行交流，给未讨论完的小组多留一些时间。

除了上面这个常见的方法，讲师还可以考虑设置有弹性的讨论内容来解决各小组讨论的结束点不一致的问题。有弹性的讨论内容通常有两种表现形式。

第一种，设置 2 或 3 个讨论题，但是只有第一个讨论题是正式讨论题，之后所有小组都需要对第一个讨论题分享讨论结果，而其他讨论题是给讨论结束较早的小组准备的。只要所有小组都把第一个讨论题讨论完毕，讲师就可以喊停，然后请学员就第一个讨论题进行分享。至于小组有没有开始讨论或者讨论完其他讨论题，讲师可以先不管，但在最后总结时，最好快速地对其他讨论题做些阐述，以保持教学活动的完整性。

Mac 在一次授课时的主题是美国教育学家罗伯特·加涅（Robert Gagné）的教学九步法。在讲解完后，Mac 给所有小组都分发了同一个案例，并说明这个案例就是严格按照罗伯特·加涅的教学九步法进行设计的，需要小组用 5 分钟的时间找到案例中的 9 个步骤体现在哪里。根据 Mac 的经验，这个教学活动非常容易出现结束时间参差不齐的状况，找得快的小组可能用两分钟就完成了，找得慢的小组或者在过程中发生争执的小组，在 5 分钟内不一定能完成。因此，Mac 在案例后面还附上了第二个讨论题：如果你的小组已经找到了案例中的 9 个步骤，那么请每个组员在小组内部分享自己从这个案例中学到了哪些有用的教学活动，未来可以在自己的课程中使用。

Mac 在解释小组讨论的要求时就说明，请学员先去寻找案例中的 9 个步骤，如果都找到了，而讨论结束时间还没到，就请小组继续围绕第二个讨论题进行讨论，在 5 分钟的讨论时间结束后，所有学员再一起来看案例中的 9 个步骤分别是什么。

请注意：Mac 在解释小组讨论的要求时没有强调第二个讨论题需要做总结，这里的第二个讨论题就是有效的缓冲讨论题。如果某些小组真的很快就找到了案例中的 9 个步骤，Mac 就可以走过去，对这些小组的讨论速度表示认可，然后督促他们就第二个讨论题进行讨论。接下来，Mac 可以继续巡视各小组的进展情况。一旦发现所有小组都完成了第一个讨论题，Mac 就要马上喊停，开始全班分享。这样的设计有效地避免了先完成的小组无事可做的情况。

第二种，设置多个讨论题，请每个小组从不同的讨论题开始讨论。如果某些小组讨论得很快，那么他们可以把所有讨论题都讨论完；如果某些小组讨论得慢，那么他们只要确保讨论完自己小组分到的讨论题即可。

Mac 在为客户设计管理类课程时，为"新任管理者角色认知"这个关键知识点添加了案例讨论的教学活动。Mac 给案例设计了两个讨论题：一个讨论题是让学员从管理者的角度分享自己在承担新角色后面临的挑战和困惑；另一个讨论题是让学员站在下属的角度分享自己对新任管理者的期望和需求。在解释讨论的要求时，Mac 请教室里一半的小组主要负责讨论第一个讨论题，如果第一个讨论题讨论完了，而预定的讨论结束时间还没到，就讨论第二个讨论题；另一半的小组主要负责讨论第二个讨论题，如果讨论完了，而预定的讨论结束时间还没到，就讨论第一个讨论题。在这种设计中，Mac 只要发现所有小组都把自己主要负责的讨论题讨论完就可以喊停，让各小组开始分享，从而确保了不会出现某些小组在等着其他小组的情况。

使用手持白板

目前，白板纸在很多培训课堂上被广泛使用。白板纸通常放在小组的旁边，小组在讨论结束后，把自己的讨论结果写在白板纸上。这种模式最大的缺点是浪费时间，小组讨论大概需要 10 分钟，在白板纸上书写讨论结果需要 3 ~ 5 分钟，而且有的时候写在白板纸上的内容也不够详细。

　　我们可以使用手持白板（见图 4-5）来解决这个问题。在白板纸上书写讨论结果的目的是记录讨论结果，以便让小组代表在发言时有所参考，同时也让其他学员能边听边看。使用手持白板同样可以达到这个目的，而且学员在手持白板上写讨论结果，可以大大节省时间。小组在讨论时可以指定一个学员负责在手持白板上记录讨论结果，在全班学员面前分享完后即可擦掉，以供下次讨论时记录使用，操作非常简单、方便。

图 4-5　手持白板

保持发言的新鲜度

　　各小组代表在与全班学员分享自己小组的讨论结果时，很容易形成一个课堂气氛的"低谷"。一方面，学员可能觉得这个时间并不是讲师在讲课，因此不会那么重视；另一方面，其他小组代表所讲的内容很有可能都是自己小组刚刚讨论过的，尤其是在各小组代表的发言重复性较大时，很多学员觉得发言没有新意，其注意力就不太集中了。

　　因此，在这个环节中，讲师最好做一些分享细节上的设计，以保持发言的新鲜度。以下几个方法非常有用。

- 只说一个。在各小组代表向全班学员分享自己小组的讨论结果时，
  讲师要设定好规则：各小组代表只能挑选自己认为最有价值的一项

内容来分享，不需要把自己小组讨论的全部内容都说出来。

- 不许重复。在使用第一个方法时，可以同时使用这个方法："如果你们小组想分享的内容已经被前面的小组分享过了，你们小组就不能再重复，必须分享前面的小组没有分享过的内容。"在讲师说出这个规则后，常常会出现的情况是，所有小组代表都抢着先发言，因为大家都担心自己小组的讨论结果被其他小组代表分享完了，而自己没有内容可分享。

- 前面发言的小组代表指定下一个发言的小组代表。为了增强发言的趣味性，可以请前面发言的小组代表指定下一个发言的小组代表。一方面，这是对刚刚发言小组代表的认可；另一方面，这种规则容易让小组间形成有趣的互动。如果想增加一些趣味性和肢体运动，那么讲师可以准备一个小皮球，在指定下一个发言的小组代表时，刚刚发过言的小组代表可以用抛皮球的方法来决定，这时课堂氛围会非常热烈。

- 发言时间竞赛。在各小组代表发言时，有时会出现一个明显降低学员兴趣度的因素，即某个小组代表的发言过于冗长。不同的学员有不同的心理诉求和说话风格，讲师在授课过程中常常会碰到一些特别能说、特别想说的学员，他们在发言时经常过于细致，甚至会跑题，这时讲师就需要适时打断他们的发言，把发言主题和学员的注意力及时拉回到课堂上。当然，如果讲师在打断学员的发言时过于直接，就可能影响学员的情绪。所以，接下来，我们介绍一个小机制来预防小组代表的发言过于冗长。在某公司对销售代表的一次培训中，课程讲师 Mac 要求各小组围绕一个客户的情况讨论销售策略。在所有小组都讨论完毕后，进入各小组代表向全班学员分享自己小组讨论结果的时间。经过前几轮的发言，Mac 发现有两个小组代表非常能说，他们每次发言都要持续好几分钟，而且有些跑题。因此，Mac 打算在这一轮发言中尽力避免这种情况的出现。Mac 在请各小组代表发言前提出这样的要求："接下来，我们会请各小组代表来分享一下自己小组刚才的讨论结果。不过，我打算模仿一下你们在客户那里进行竞标时的规则。在场的各位销售代表都有去客户那里竞标的经历，大家在介绍自己的方案时客户都会规定严格的时间，大家必须在规定的时间内介绍完自己的方案。因此，销售代表说话简洁明了并且有时间观念是非常重要的。那么，本轮发言我也给各小组代表两分钟的时间限制。在各小组代表发言时我会计时，谁的发言时间最接近两分钟，谁就是最后的赢家。接下来，我给各小组两分钟的时间来检查一下自己的讨论结果，各小组代表组织一下自己的语言，两分钟后我们的分享环节就开始。"Mac 的做法就是一个利用了时间竞赛规则来控制发言时间的有效方法。一般来说，讲师在使用这种方法时，大部分学员都会使用比规定的时间更短的时间完成发言。

如何引导和实施"排排坐"场景中的教学活动

在为企业的内部讲师进行培训时，我们经常会碰到这样的问题："你介绍的这些教学活动都很好，可是我在做培训时，每次都有几百个学员参加，大家坐在一个大教室里，座位也是传统的'排排坐'形式的，在这样的培训场景中该怎么做教学活动呢？是不是应该以讲师讲解内容为主，不用做教学活动呢？"

面对这样的问题，我的答案是否定的。在"排排坐"场景中，学员受空间的限制，集中注意力的难度更大，讲师反而更加需要引导和实施教学活动来协助传递课程内容。试想一下，如果讲师在一个只有 20 个学员的教室里讲课，学员都围坐在桌子旁，那么讲师可以很容易地走到每个学员身边来观察每个学员的表情和了解每个学员的学习状态，学员也可以很明显地感觉到讲师在关注自己。在这种环境下，讲师即使不做任何教学活动，而只是单向授课，还是有相当一部分学员会认真听讲的。而如果在一个大的阶梯教室里，学员离讲师很远且间隔而坐，学员都面向教室前方，学员互相看不到对方的脸，学员在心理上不会感到太多讲师对自己的关注，就很容易松懈和走神。如果这个时候讲师只是在单向授课，那么可能有很多学员不关注课程内容而忙着自己的事。因此，在"排排坐"场景中，讲师更加需要引导和实施教学活动，以便更加有效地传递课程内容。

当然，因为场地大、学员人数众多，讲师引导和实施教学活动也面临着很多挑战。最常见的几个挑战：一是学员离开座位去交流比较困难，因为人多且座位紧挨着，活动空间很局促；二是一些需要很多教具协助的教学活动不容易进行，因为学员前面没有桌子，不容易组成小组，讲师在现场发放各种材料时，场面会非常混乱；三是讲师即使给学员分了组，但小组数量会很多，在小组讨论结束后，讲师由于授课时间的限制，无法让所有小组都进行分享。

鉴于上述挑战，在"排排坐"场景中授课时，很多教学活动的流程和细节都需要进行调整，这些流程和细节主要集中在以下几个方面。

- 尽量让学员一直在同一个小组内交流，不需要频繁地变换分组，因为学员人数众多，变换分组可能会带来混乱并且浪费大量时间。最好的方式是在课程开始时就为学员分配好小组。我们经常采用的分组方式是在课程开始时请第一排的学员进行"1、2"报数，然后每个报"1"和报"2"的学员与其身后一排紧挨着的报"1"和报"2"的学员组成一组，这样就组成了包含 4 个或 6 个学员的前后排"豆腐块"小组，如图 4-6 所示。这时，讲师可以说明："这 4 个或 6 个学员组成今天要一起学习的小组。在授课过程中，只要我说请你和自己小组的组员进行交流，你就与这几个学员进行交流。"在这种课程中，讲师的授课时间通常都不会太长，所以即使不变换分组，组员间也不大可能产生交流的"审美疲劳"。

图 4-6　包含 4 个或 6 个学员的前后排"豆腐块"小组

- 省略或缩短小组分享环节。在分好小组后，讲师设计好的教学活动几乎都可以进行，只不过会有几个变化。现场的小组数量会比较多，如果学员有 100 人，分成 4 人一组，就会出现 25 个小组。在这种情况下，讲师必须省略小组分享的环节。如果确实有些讨论需要小组分享，那么讲师挑选两三个小组进行分享即可。在挑选进行分享的小组时，一个有趣的方法是，讲师准备一个大小适中的软球，并将其抛出，接到讲师抛出的球的小组就需要进行分享。该小组在分享完毕后，可以接着抛球，选出下一个要分享的小组。当然，在更多的时候，我们认为只要学员思考了、与组员交流了，小组分享就不是必需的选择，讲师可以省略这个环节，直接阐述自己的看法。另外，我们强烈建议在每一轮小组讨论中都更换组长，因为在"排排坐"场景中，讲师对坐在后面的学员的威慑力和影响力比较小，最好赋予学员以责任，促使学员自主完成各种小组讨论。

- 减少和调整与肢体运动相关的教学活动。在"排排坐"场景中，让学员起立走动的可能性不是很大，因此一些需要使用白板纸的教学活动或者起立找伙伴类的教学活动都很难进行。不过，原地起立、举手调查等包含简单肢体运动的教学活动仍然可以进行。

- 精心设计学员的学习材料。讲师要把教学活动的学习材料预先放到学员手册中，在上课前发给学员。例如，在学员人数不多的课程中，讲师可以给每个小组都发一套卡片，让学员去讨论并对卡片进行排序和分组。而在"排排坐"场景中，这个教学活动几乎无法进行，因为学员没有桌子，小组数量也太多，活动现场会非常混乱。这时，讲师可以把卡片打印在学员手册上（见图 4-7），请各小组对这些卡片进行排序和分组。在引导和实施这个教学活动时，讲师可以先让学员独立思考，并用笔来标注顺序、进行连线等。在学员手册上写下自己的答案后，每个学员都可以与自己小组的组员互相交流答案。经过这样的设计，这个教学活动就变得简单、可操作了，即使用在有几百个学员的课程中，也同样可以取得很好的效果。

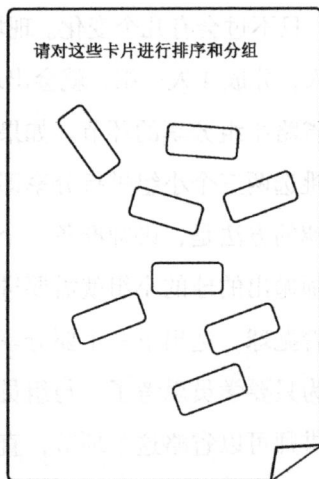

请对这些卡片进行排序和分组

图 4-7　把卡片打印在学员手册上

如何制作支持教学活动的学习材料

在以学员为中心的学习方式中，发给学员的学习材料是非常重要的学习资源。讲师即使只做一个小时的内容分享，也应该设计学习材料，哪怕只有几页。在传统的培训课堂上，讲师是主角、是主体，学员的注意力大多在讲师身上、在讲师播放的 PPT 上。在以学员为中心的培训课堂上，学员的注意力应该大多在自己的小组中、在自己的学习材料上。讲师在课堂上发给学员的学习材料，最常见的形式是学员手册，下面我们以此为重点进行讨论。

我们先来明确学员手册应该发挥什么作用。

- 学员手册用来辅助学员在课堂上的学习，它是学员在课堂上随时可以翻阅、参考、使用、标注的一本手册。

- 学员手册与学员在课堂上的学习高度吻合，支持学员在不同节点上的学习。

- 学员手册要在课后继续发挥支持学员学习的作用，让学员在回顾课程内容时有章可循、有据可依，能在不需要他人讲解的前提下看得懂内容、看明白逻辑。

- 学员手册应该是讲师授课的一个好帮手，一本好的学员手册能留给讲师更大的空间进行教学活动。

在制作学员手册时，讲师最好不要只把自己的授课 PPT 制作成学员手册，原因有如下几个。

- 讲师把自己的授课 PPT 制作成学员手册，学员通过翻阅学员手册就能了解讲师要讲的课程内容，这在某种程度上会降低他们后面认真学习的动机。

- 讲师需要利用学员手册引导和实施各种教学活动，让学员参与进来，让学员在讲师的引导下"创作完成"自己的学员手册。而讲师的授课 PPT 上往往只罗列了关键知识点等内容，如果把它作为学员手册，学员手册就变成一本只能翻阅的材料，无法让学员参与"创作"，学员也往往不太珍惜它。

- 讲师把自己的授课 PPT 制作成学员手册发给学员，就无法保护自己的授课 PPT 的版权，使自己的授课流程很容易被他人复制。

讲师为自己的课程制作一本专门的学员手册其实并不复杂。接下来，我们从内容、形式等方面来分析如何制作学员手册。

内容：采用 N-N-W 结构进行规划

美国培训大师鲍勃·派克为制作学员手册提出了一个非常有用的结构：N-N-W。他建议把学员手册的内容分成 3 个部分：主要内容（Need to Know）、延展知识（Nice to Know）和参考信息（Where to Go）。学员手册的内容如图 4-8 所示。

图 4-8   学员手册的内容

主要内容

主要内容就是讲师在课堂上必须讲解的内容，仅包含课程中最重要的、最关键的、学员在未来 3 个月内极有可能会用到的内容。对于主要内容，讲师必须详细讲解，还要匹配合理的教学活动，确保学员有机会练习、交流，从而把主要内容学透并应用于自己的实际工作中。

延展知识

延展知识属于次重要的内容。对于与课程相关的某些内容，学员知道当然最好，但不知道也基本不会影响眼下的工作，如学员在未来 3 个月内都不太可能用到的内容，这些内容就可以放入延展知识中。对于延展知识，讲师一般在课堂上不会花时间去讲解，对此部分内容有兴趣、有需求的学员可以自己学习，或者在课下单独与讲师进行沟通与交流。又或者，对某次授课的特定学员来说，延展知识中的某些内容比较重要，讲师也可以临时讲解延展知识中的这些内容，或者指导学员深入学习。

Mac 会为很多企业讲授"课程设计与开发"的课程。在讲到培训需求分析时，绩效改进模型就是一个可以放入延展知识中的内容，原因在于，并不是所有的课程开发项目都会涉及绩效改进模型。

但如果在课堂上有学员对 Mac 说："我这个课程不好设计，因为未来听课的学员并不是缺少相关的理论基础和操作技能，而是碰到很多公司资源上的问题，资源上的问题不是我讲课能解决的。对于这种情况，我该怎么办呢？"这时，Mac 就可以引导该学员去学习延展知识中的内容，里面可能详细介绍了绩效改进的概念、模型、方案等，甚至还有一些案例。Mac 甚至可以在课间与该学员进行沟通，利用绩效改进的知识，帮助该学员厘清自己要开发的课程需要重点关注什么问题。

把延展知识与主要内容进行分割，实现内容分层，可以让讲师的授课富有弹性。由于每次听课的学员的需求和水平不同，因此讲师可以运用这种方法随时调整每次授课的重点。这种分层机制还在很大程度上解决了讲师经常遇到的"课程内容太多，没有时间做教学活动"的问题。是否需要做教学活动，是由学员的大脑的运行机制决定的，不管讲师要讲的课程内容有多少，学员的学习都需要教学活动来支持。如果课程内容太多，授课时间紧张，讲师就要考虑如何减少课程内容以确保教学活动的时间，而不是省略教学活动。讲师如果对删掉部分课程内容感到惋惜，就可以把这部分内容放入延展知识中，在课堂上按需使用。

此外，讲师在开发延展知识的内容时，还要尽量详细，以确保学员在自学时也基本能理解其中的内容。

参考信息

参考信息通常只有一两页，包含与课程内容相关的各种参考书籍、文章、网站、课程等学习资源的索引或列表。这部分内容是为那些对课程内容有更深钻研需求的学员准备的。因为有些学员的学习动机非常强，他对课程内容产生了浓厚的兴趣，他们想围绕课程内容继续学习。而此时讲师给他们推荐参考书籍、文章、网站、课程等学习资源就变得非常重要。

形式：采用"过电影"的方法进行设计

讲师采用 N-N-W 结构对学员手册进行了规划，接下来就要设计每一部分内容的表现形式了。设计每一部分内容的表现形式分以下 3 个步骤来进行。

设计版式

为学员手册加上公司的 Logo、页眉、页脚、章节分隔符等元素，保持统一的图形设计元素是让学员手册更加专业、美观的诀窍。

设计内容

如果不在学员手册中放置讲师的授课 PPT，那么学员手册的内容该如何设计呢？特别是讲师在课堂上要引导和实施的教学活动，如何将其融入学员手册中呢？我的经验是"过电影"。讲师把学员的上课过程像过电影一样在自己脑海中过一遍，思考每个时间点学员都在做什么，那时教学活动的内容是什么，学员在那个教学活动中需要怎么参与，相应地，那时的学员手册上需要准备什么。

例如，在课程进行了 40 分钟后，讲师要讲解 PEST 模型，而且希望一边讲解一边调动学员的肢体运动。这时，讲师就可以把 PEST 模型放在学员手册中，把对一些关键知识点的解释文字也一并放在学员手册中。而且，针对同一个关键知识点，学员手册中的内容可以比讲师在 PPT 上展示给学员的内容更丰富、更详细。在加入 PEST 模型与对一些关键知识点的解释文字后，将对一些关键知识点的解释文字中的关键词去掉，变成填空题，让学员能够一边听课一边跟着填空、记录。加入肢体运动（填空）的教学活动后的学员手册如图 4-9 所示。

又如，在课程进行了一个小时后，讲师要引导学员做一个案例分析的教学活动，讲师就可以把案例分析的内容放在学员手册中，把问题写清楚，并且留下适当的空白请学员记录分析结论。加入案例分析的教学活动后的学员手册如图 4-10 所示。

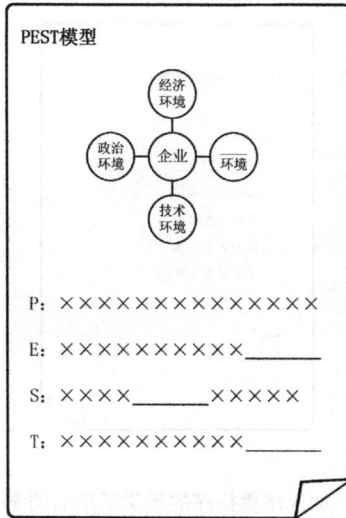

图 4-9 加入肢体运动（填空）的教学活动后的学员手册

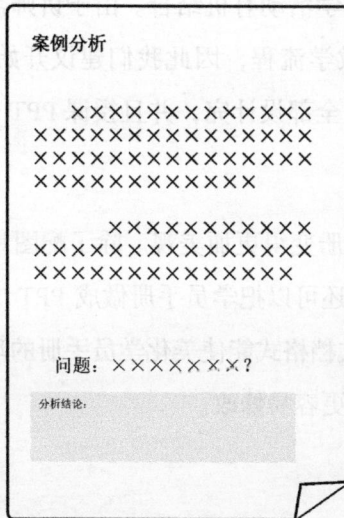

图 4-10 加入案例分析的教学活动后的学员手册

再如，在课程进行了两个小时后，讲师要引导学员做一个步骤排序的
教学活动，讲师就可以把这个教学活动的练习题放在学员手册中，并在每
个步骤前留下可以标注排序序号的空格。加入步骤排序的教学活动后的学
员手册如图 4-11 所示。

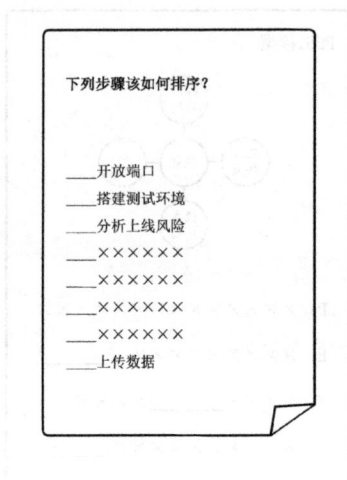

图 4-11　加入步骤排序的教学活动后的学员手册

　　总之，一本好的学员手册应该能给学员创造良好的课堂学习体验，需要讲师把课程内容与教学活动有机结合。由于讲师需要"过电影"——完整地理顺整个课程的教学流程，因此我们建议开始制作学员手册的节点是，在课程的教学流程全部设计完，并且授课 PPT 也已经制作完毕时。

美化

　　美化就是把学员手册变得更加美观。除了配图片、做字体的区隔、加边框等常规方法，讲师还可以把学员手册做成 PPT 文档格式。相比常用的 Word 文档格式，PPT 文档格式能使美化学员手册的环节变得更加简单、容易，而且能使学员手册更容易修改。

第五章　理解学员动机，
优化引导方法

　　如果说在设计活动流程的环节中，讲师需要了解大脑在学习方面的特点才能设计出对大脑更加友好的活动流程，那么在实际引导和实施教学活动时，讲师还需要更好地理解学员在学习时的心理动机，才能取得更好的活动效果。

　　学习环境是一个典型的社交环境，学员一旦进入学习环境中，就进入了一个社交环境中。讲师在授课的过程中，不仅需要让课程内容和授课流程更加符合学员大脑的需要，还需要关注学员每时每刻的心理变化——学员是否兴奋、是否不愉悦、是否感到委屈、是否感到紧张、是否有成就感等。能很好地引导和实施教学活动的讲师，能从学员的语言和行为中发现学员的心理变化、洞察到学员的心理诉求，并据此灵活地调整自己的语言、动作和教学活动的细节，来满足学员的心理诉求，从而充分调动学员的积极性。

　　如果学员在课堂上的心理诉求没有得到满足，从而失去了学习的心理动机，那么学员接收、理解和吸收课程内容的效果会大幅降低。因此，本章会罗列几类典型的学员在课堂上尤其是参与教学活动时的心理诉求，分析其中所蕴含的心理动机，并为大家推荐一些引导和实施教学活动的方法及需要注意的事项。

心理安全

　　讲师在引导教学活动时，确保学员的心理安全是非常重要的。

第三章在介绍"大脑喜欢社交"时曾讲过，如果一个学员要进入"知无不言，言无不尽"的"开放"的心理状态，他需要先经历两个心理阶段：控制阶段和融入阶段。心理安全和控制阶段是紧密相关的。控制意味着学员觉得自己能把控周围的环境，不会出现让自己感到失控的状态，即在心理上要感受到安全感。如果缺少安全感，学员就会被紧张和压力埋没，不太可能有好的学习效果。

因此，在进行教学活动时，讲师需要注意不要让学员在心理上感到过度紧张、有压力、尴尬、羞耻等。这些感觉可能会带来两种后果：一是学员采取逃避行为，心理封闭，不主动参与各种互动，不愿意表露自己；二是学员采取对抗行为，学员不是用理智思考，而是用情绪对抗，从而可能提出挑战性的问题或者出现其他情绪化的状况。这几种行为都是讲师特别不希望看到的。

在实际教学中，讲师可能会有一些不经意的行为给学员带来心理上的不安全感。下面罗列了几项常见的行为。

点名

点名是大多数讲师都会做出的行为。在课堂上提问是讲师的一种基本教学手法，讲师在提问后经常点名。讲师的点名方式有很多，有的讲师会点眼神与自己正好对上的学员；有的讲师会点自己认为学得比较好的学员；有的讲师会点没有认真听讲的学员……无论用哪种方式点名，点名都会让大部分学员感到紧张，尤其是在碰到难回答的、有挑战性的问题时。在课堂上频繁点名的讲师可能会碰到尴尬的情况：在讲师提问后，所有学员都低着头不看讲师。

但是，出于教学的需要，讲师在很多场景中确实需要和学员做开放性的互动，并希望学员能主动回答讲师提出的问题。那么，如何避免点名，从而避免让学员感到紧张呢？我们有以下两条建议。

第一，讲师在提问后，先加入一个1分钟的两人交流，之后再请学员回答，这样学员主动回答的概率会增大很多。因为交流给了学员充分思考和准备自己发言内容的机会，学员的自信上升，学员主动回答的概率自然会增大。

例如，Mac 在课堂上向学员提了一个问题："你们觉得在课堂上能够有效调动学员的方法有哪些？谁能说几个呢？"应用刚才讲过的先让两人交流再请学员回答的方法，这种直接提问的流程可以改成，Mac 提出问题，先请相邻的两个学员互相交流，在 1 分钟后 Mac 继续提问："刚才大家讨论了很多方法，谁能给我分享几个呢？"在请学员回答之前加上 1 分钟的两人交流，学员会更有准备，也更有信心回答讲师的问题。

第二，讲师可以为学员的回答设定目标感。人都有愿意遵守自己公开承诺的心理特征，讲师可以利用这种心理特征，激励学员更加主动地回答问题。一个可操作的教学活动是"数字回答"。

活动名称：数字回答

活动引导流程：

- Mac 对所有学员说："我请大家在 3～10 中任意选择一个数字。""7！"有学员喊道。
- Mac 接着说："好，我听到的第一个数字是 7，接下来我请大家共同回答一个问题：在课堂上有效调动学员的方法有哪些？我需要大家至少说出 7 种。"
- 学员们哈哈一笑，接着开始回答Mac 提出的问题。

活动点评：

"数字回答"是一个邀请学员发言、幽默有趣、不至于破坏学员心理安全的教学活动。它比较适合用在那些比较容易回答的问题上，因为这个教学活动没有给学员太多的思考时间。这个教学活动的好处在于讲师先请学员自己说了一个数字，虽然学员不太清楚这个数字有什么含义，但是他们仍然会按照讲师的要求选择一个数字。不管怎样，这个数字是学员自己选的，学员都会倾向于去遵守讲师的要求，尽量积极、努力地回答讲师的问题，尤其是最开始说出那个数字的学员，他会更加觉得自己责无旁贷。

设置惩罚措施

很多讲师喜欢在课堂上设置惩罚措施，有的讲师会采用请学员唱歌、跳舞、做惩罚性的体力游戏等惩罚措施，对此我们并不推荐。因为被惩罚的学员可能在心理上对此非常抵触，从而对讲师、对后面的课程内容产生反感情绪。

很多讲师可能会问："如果这些惩罚措施不太合适，那么在课堂上碰到学员经常迟到或者接打电话的情况时我该怎么办呢？我的确需要一些方法来控制这些行为。"坦白地讲，这些行为确实非常棘手，但我们会建议讲师换一个角度来思考如何避免这些行为的发生。在这里，我们为大家分享一个真实的案例。

我参加了公司开设的为期 3 天的"项目管理"的课程，讲师是一位资深的项目管理专家，她对待学员总是彬彬有礼的。在课程刚开始时，她跟学员介绍了自己的职业背景，然后请学员思考："作为项目经理，你在职业发展上面临着什么问题或者困惑？大家把自己的问题或者困惑写在贴纸上，互相交流，然后把自己的贴纸贴在白板纸上。"

在这个教学活动做完后，这位讲师对学员说："在这 3 天的学习里，我希望不仅能带给大家一些新的工作方法、工作理念，还能帮助大家在职业发展上取得进步。因此，在这 3 天里，在每天早上第一节课时、在每个课间休息结束返回课堂时、在每次午餐结束返回课堂时，我都会准时地开始课程，在每次课程开始后的前 5 分钟，我都会围绕大家在贴纸上提出的问题或者困惑分享我的职业发展秘密和一些职业发展的资源。我只在这个时间分享，如果你想知道这些秘密和资源，你就一定要准时来到课堂上！"

这是一个让我印象非常深刻的案例，这位讲师采用的方法不是惩罚那些她不希望看到的行为，而是鼓励那些她希望看到的行为。所以，如果讲师希望学员能够准时，讲师就可以思考一下，若学员准时来上课了，自己该给予学员什么奖励。奖励应该是学员希望获得的，如学习积分、某项知识或者某个资源。

* * *

关联性

关联性是指学员需要知道他为什么要参与这个教学活动，这个教学活动和课程内容有什么关系，这个教学活动能给他带来什么价值和好处。关联性是学员在参与教学活动时一个非常重要的刺激因素。

学员可能并不了解很多教学活动的价值，而"成人是目的感特别强的动物"，如果学员不了解这个教学活动的价值，或者已经判定这个教学活动是在浪费时间，那么学员会不参与、敷衍对付甚至对抗这个教学活动。

因此，讲师在引导教学活动时，必须花心思琢磨怎么介绍和说明才能让学员了解教学活动的价值。以下两种方法是我们通常会使用的方法。

强调教学活动中要解决的问题是学员在工作中会经常遇到的

例如，Mac 想让学员讨论讲师如何能有效地调动学员。在让学员进行小组讨论之前，Mac 这样做铺垫："每个讲师都承认调动学员是一个成功课堂的关键因素，几乎没有讲师认为课堂应该以讲师为中心。但是很多讲师在课堂上还是以单向授课为主，这是为什么呢？原因很明显，知与行之间有着巨大的距离，很多讲师在理念上认可这个观点，但在实践上缺少足够的方法来支持这个观点。因此，接下来，我想请大家一起来做一个小组讨论：有哪些你们自己亲身实践过的、行之有效的实操方法，可以让讲师在课堂上有效地调动学员。"

加入上面的引入活动，比不做任何关联性介绍而直接要求学员思考有什么有效的方法可以让讲师调动学员要有效得多。

强调教学活动对学员掌握新知识很有必要

讲师阐述教学活动价值的另外一个方法是强调教学活动对学员掌握新知识很有必要。尤其是在引导破冰、团队融合等类型的教学活动时，虽然这类教学活动是有必要的、能促进学习的，但是从表面上看，这类教学活动和课程内容的关联性较弱，因此很容易被学员误认为没有意义。如果这类教学活动很有必要，那么讲师在解释教学活动的要求时，需要说明为什么要做这类教学活动、做了之后可能给学员的学习带来什么好处。

例如，Mac 在为新任经理进行培训，在课程开始时，Mac 请学员做一个让大家互相认识与互相了解的教学活动。Mac 最初是这样引入的："欢迎大家来参加我们的新任经理培训课程。在课程开始的时候，我希望大家能够互相认识一下，所以，接下来，我会请大家跟我一起做一个互相交流的活动……"你觉得 Mac 的引入有问题吗？从表面上看，Mac 似乎解释了做教学活动的一个理由——"希望大家能够互相认识一下"，但实际上这个理由是讲师的理由，不是学员的理由，不一定能打动学员。

我们建议从学员的角度来介绍教学活动的意义。Mac 可以这样引入："今天来这里参加培训的都是我们公司的新任经理，相信在不久的将来，大家会有越来越多的机会在一起开会、一起合作。坐在这里的人，大家都有着同样的挑战或困惑，也有着同样的平台，因此通过这个培训课程，我不仅希望大家能学到很多关于角色转型的方法，还希望大家能互相学习、互相了解、成为朋友。所以，在课程开始的时候，我希望大家进行一些交流，从而认识一下今后可能会为你们带来宝贵资源的学员们，也为我们一天的学习打下基础。"

公平

每个人都希望被公平地对待，学员在课堂上同样如此。如果学员在课堂上感到自己没有被公平地对待，那么学员很有可能会消极对待学习。例如，一个学员积极地举了好几次手都没有被讲师叫到，或者他发现讲师总是面向教室的一个方向在请学员回答问题，他可能就会认为这个讲师没有公平地对待自己或者没有公平地对待所有学员，他可能就不再举手回答问题了。维护课堂上的公平往往体现在很多细节上，讲师需要时刻关注可能会让学员感到不公平的地方并及时纠正。

在一次培训中，学员被分成了 6 个小组。但由于课前沟通出了一些问题，我只准备了 4 套学习材料。在第一次需要使用学习材料时，我跟学员解释道："因为只有 4 组学员有学习材料，所以麻烦后面两个没有学习材料的小组的学员穿插到前面的 4 个小组里。"后面两个没有学习材料的小组的学员在听到我的要求后都很配合。在第二次需要使用学习材料时，我又做出了同样的要求，这时后面两个没有学习材料的小组的学员大声喊了出来："让前面的学员过来吧。"我马上意识到这是我的一个失误，我破坏了课堂上的公平性，于是我马上说："谢谢这组学员的提醒，没错，这次轮到前面两个小组的学员穿插到后面的小组里学习了。"由此可见，学员对公平是非常敏感的，讲师需要时刻关注。

讲师要在课堂上保持公平，有 3 个特别需要注意的地方。

如何对待迟到的学员

讲师如果等迟到的学员来了再开始授课，就是对准时来上课的学员的不公平。迟到的学员没有遵守规则准时来上课，反而被迁就，成了变相获益的人，这可能会让遵守规则准时来上课的学员不开心，甚至会让这些学员认为下次他们也不用准时到，反正讲师会等他们。迟到的学员没有任何损失，这对准时来上课的学员是不公平的。因此，讲师要准时开始授课。

如果上课时间到了，但只来了不到 20%的学员，那么这时估计很多讲师会选择这样和到场的学员沟通："有些学员可能堵在路上了，我们稍等 10 分钟再开始上课。"对这种做法我们并不推荐。那么，在遇到这种情况时，讲师该如何处理呢？我们建议讲师准时开始授课，因为这对准时来上课的学员是公平的，尤其是在开始的时候要强调一下："非常感谢各位准时来参加今天的课程，我们会准时开始。"这样可以让准时来上课的学员受到认可、感到受鼓舞。这样做的好处不言而喻。但是这样做也存在一些弊端，如课堂上的学员人数较少，课堂氛围比较冷清；迟到的学员可能会漏掉一些关键知识点，从而导致后面的课程内容听不明白等。

因此，我们建议讲师要准时开始授课，但可以做一个"软"开场。"软"开场的意思是，讲师已经开始授课了，但是先不要涉及太多课程的关键知识点，可以分享一些围绕课程内容的个人发展经历、职业发展技巧、行业里的一些新趋势等。讲师可以准备 15 分钟左右的、带有个人观点的、对学员有启发的，但是学员没有听到也不影响其后续学习的内容。一般来讲，在课程开始 15 分钟后，70%~80%的学员都会到达教室，讲师可以这时再正式进入授课环节。我们还建议，在第一节课结束、绝大部分学员都在教室里时，讲师公开表扬准时来上课的学员，以表达对他们的认可和感谢，同时也提醒迟到者。

学员的发言顺序

在讲师请学员发言的环节中特别容易出现不公平的现象。例如，有的学员不举手、不经过讲师同意就直接发言，这会让那些举着手等待被讲师叫的学员感到委屈与不公平。讲师需要维持公平的发言环境，对于抢话回答的学员要给予制止，坚定并和缓地跟他们讲："我们先请那位举手的学员发言，之后再请你发言。"在讲师维持发言秩序时，可能存在一个挑战——举手的学员非常多，但是讲师出于保证课程进度或者其他方面的考虑，只能给两三个学员发言的机会，这时没有得到发言机会的学员可能会感到自己没有被公平地对待。这时有一个非常有用的方法：让前一个发言的学员选择下一个发言的学员。讲师把选择权交给学员，就避免了让学员感到不公平。

　　Mac 在课堂上提了一个问题："作为讲师，我们有哪些可以有效调动学员的方法呢？"如果这时有八九个学员同时举手，Mac 就可以这样进行管理："大家都很积极，由于时间原因，这轮可以有 3 个学员发言，我先来选择第一个。"Mac 可以准备一个皮球，把皮球随机扔到一个举手的学员那里。学员在接到皮球后起立发言，Mac 在对其发言做适当的点评后，可以说："你是第一个发言的学员，作为奖励，我请你来选择下一个发言的学员，请把这个皮球扔给他。"之后以此类推，由前一个发言的学员选择下一个发言的学员。在这种模式下，因为是学员自己完成的选择，所以学员不会感到不公平。

发放奖品

　　在课堂上使用各种奖品去激励学员也是讲师常用的方法。常见的奖品有扑克牌、学习积分、书籍、文具等。讲师在发放奖品时，尤其要注重保持公平。首先，奖品对激励学员来讲，是在刺激学员的外在动机。外部的刺激很有效，确实有很多学员在知道了获奖规则后，在参与教学活动时会变得非常积极。但刺激学员的外在动机也是有风险的，因为这并不是在激励学员去认识与接受学习本身的意义和价值，而是用外部的刺激去吸引学员，所以一旦刺激学员外在动机的奖品不存在了（如奖品发完了），或者奖品的分发不公平（如有的学员发言了，但讲师没有给予其奖品），外部的刺激就可能反过来降低学员的学习动机（如学员可能会想：算了，反正我也得不到奖品，没必要举手发言，没必要积极参与教学活动）。因此，在讲师发放奖品的环节中，公平显得尤为重要。在这里我们给出以下两点建议。

　　第一，尽量设置客观的获奖规则，不会让人误解或者有歧义的获奖规则是最理想的。鲍勃·派克在"创新性培训技巧"的课程中，把自己写的书作为奖品发给学员，但通常只有 1/3 的学员有机会获奖。也就是说，如果有 30 个学员来上课，那么鲍勃·派克只准备 10 本书，而且他会把这些书用于鼓励学员提交对课程的反馈问卷。这个课程一般会进行两天，在第二天的下午，鲍勃·派克会请学员在下午 3 点前把课程的反馈问卷交给助教，并告诉学员因为填写这些问卷会花些时间和精力，所以他会准备一些小奖品来表示感谢。在下午 3 点时，鲍勃·派克把学员提交的课程的反馈问卷放入一个抽奖箱中，然后从中随机抽取 10 份问卷，并给作答者赠送一本有他签名的书。这种抽奖模式既很好地鼓励了讲师希望看到的行为（按时填写并提交课程的反馈问卷），又是非常公平的（讲师随机抽取），学员不会产生异议。

第二，使用事后奖励的方法，这样不容易被学员质疑。事后奖励是指讲师不提前说明获奖规则，而是在课程进行一段时间后，根据学员的实际表现情况给学员发放奖品。例如，讲师可以说："谢谢大家刚才的讨论，尤其是××的分享让大家眼前一亮，他的案例也给了我们很多启发。我愿意送给他一本这个主题的书籍，以表示鼓励和感谢。"在这种模式下，因为获奖者的确表现突出，其他学员不太会提出质疑。而且讲师会有更大的自主空间，把奖品颁发给真正值得获得鼓励的学员。与事后奖励相对的是事前奖励，即讲师提前说明获奖规则，如第一个举手发言的学员可以获得一张扑克牌，学员在课后可以按自己获得的扑克牌数量领取相应的奖品。与事后奖励相比，事前奖励更容易引发一些让学员觉得不公平的问题。以上面这个奖励规则为例，讲师一开始就公布了这个获奖规则，有些学员会为了获得奖品总是第一个举手要求发言，可是这样造成的问题就很多，如这个学员的发言质量并不高，他只是为了获得奖品而抢着发言；或者因为他总是第一个举手，导致其他学员的发言机会减少了，其他学员心里可能产生怨言；或者讲师希望让其他学员也获得发言机会，即使那个学员总是第一个举手，也不让他发言，这样就破坏了自己定下的获奖规则。所以，从保持课堂上的公平的角度来说，我们更推荐讲师使用事后奖励的方法。

自信心

　　另外一个影响学员参与教学活动积极性的重要内在心理动机是学员的成就感和由此带来的自信心。总体来说，讲师期望学员在教学活动中及做完教学活动后的感受是"我是一个很棒的学员""我获得了成长""我有了收获""我对他人有帮助、对小组有贡献"等。这些都是比较正面的感受，会刺激和鼓励学员参与更多的教学活动。

　　根据我们的经验和观察，为了激发学员的自信心，很多讲师喜欢在课堂上设计小组竞赛机制，以评选出最佳小组。在上文谈及发放奖品这个话题时，我们说过发放奖品是在用外部的刺激来刺激学员的外在动机，小组竞赛机制与发放奖品一样，都属于外部的刺激。同样地，小组竞赛机制也是一把双刃剑。一方面，它可能很有效，所有小组都争相去得第一，课堂氛围热火朝天；另一方面，但凡是竞赛就有输有赢，没有获得第一的小组往往士气低落，要么心怀不平（觉得过程不太公平），要么丧失自信心（觉得自己技不如人），进而削弱甚至丧失了学习动机。因此，讲师在课堂上设计小组竞赛机制时，要充分考虑如何激发所有学员的自信心。为此，讲师最好规避可能引发过度竞争的教学活动。下面介绍 3 个方法来帮助讲师规避风险，从而更好地激发所有学员的自信心。

设计让学员自己和自己比较的教学活动

　　讲师可以设计一些让学员自己和自己比较的教学活动，让学员通过参与这些教学活动看到自己的进步。与其让小组之间相互比较或者让学员之间相互比较，我们更喜欢让学员自己跟自己比较。例如，让学员不断反思有哪些知识是自己以前不知道而现在知道了的、自己过往的哪些认知被改变了等。让学员在学习过程中体会到自己在不断地获取新的知识。讲师还可以把学员的收获与成长显性化、刻度化、可视化，这些都是激发学员自信心的方法。下面的 "Before & After" 活动就能激发学员的自信心。

  Mac 正在为公司的中层管理者分享绩效管理的理论和方法。在课程开始和结束时，他让学员做了 "Before & After" 活动。

活动名称：Before & After

活动引导流程：

- 在课程开始时，Mac 先大概介绍了绩效管理这个理论的起源，以及相关理论与方法能解决哪些方面的问题。之后，Mac 请每个学员都做一个自我评价，在下面的左图中标注出自己目前对绩效管理的了解程度，同时写一写自己对绩效管理的哪个部分最感兴趣。

- 学员在写完后，在小组内进行分享与交流。

- 在课程结束前，Mac 又请每个学员都做一个自我评价，在下面的右图中标注出自己现在对绩效管理的了解程度，同时写一写自己从本次课程中得到的收获，以及还想了解哪些相关内容。

Before

你对绩效管理的了解程度如何？

0   10
完全不了解   非常了解

你对绩效管理的哪个部分最感兴趣？

After

你对绩效管理的了解程度如何？

0   10
完全不了解   非常了解

你从本次课程中得到了哪些收获？如果还有机会学习，那么你还想了解哪些相关内容？

- 学员在写完后，在小组内进行分享与交流。

> **活动点评：**
>
> "Before & After"是一个鼓励学员通过自己和自己进行比较来感知自己学习收获的活动。它让每个学员都能感受到自己的时间没有被浪费。让学员做自我评价还可以为学员回答上图中的两个问题打下基础，因为学员认真思考过绩效管理的相关内容。

鼓励学员间的相互认可

讲师在引导教学活动时，鼓励学员间的相互认可，可以激发学员的自信心。在使用这种方法时，讲师并不需要做一些额外的教学活动，只需在每次交流和结束时提醒学员感谢刚才与自己交流的学员给自己带来建议和帮助即可。或者在一天的课程结束时，讲师请每个学员都在小组内分享一下自己今天从其他组员身上学到了什么。当课程进行到一定阶段时，学员间已经通过分享与交流彼此熟悉一些了，学员间的相互认可就会非常真诚并能打动学员。

创造共同完成挑战的氛围

在课堂上，讲师可能会遇到很多需要检验学员学习效果的环节。现在，很多混合式学习项目都把一些基本知识的学习放在课前。为了保持同这些课前学习内容的衔接，讲师在面授课的开始环节中喜欢做一个短小的抢答活动，即讲师提问课前学习内容，让学员来抢答。这样的活动就起到了较好的复习作用。对于这个教学活动，我们可以做些设计上的变化，把需要学员自己回忆答案、解决挑战的过程转变成需要两人一组协作完成的过程。讲师每提出一个问题，都不需要学员单独给出答案，而是需要两个学员共同讨论、共同回答。这时，检验学员对课前学习内容的掌握程度并不是讲师的唯一目的，让学员借助这个机会相互熟悉、加深对课程内容的理解是讲师更加重要的目的。从这个角度来讲，两个学员共同答题比一个学员自己回忆的效果更好。而且，如果有的学员没有看课前学习内容，那么讲师与其让他旁观其他学员答题，不如让他通过与其他学员讨论来补习课前学习内容。

趣味性

在《重构学习体验：以学员为中心的创新性培训技术》一书中，鲍勃·派克曾经列举过他自己总结的成人学习原则。其中一条是"成人是长着高大身躯的小宝宝"。成人内心深处的许多动机，其实和小宝宝并没有太大的区别。小宝宝是学习动机极强的人，他们充满着好奇心、充满着探索欲望，什么都想尝试、什么都想问个究竟。成人同样有这样的心理诉求，只不过成人的学习过程比较枯燥。当知识被强塞给学员时，他们不会感受到好奇、不会觉得有意思、没有可以自己尝试的机会，他们被动地吸收知识，对学习就感觉索然无味了。因此，在引导教学活动时，注意增强教学活动的趣味性，让学员觉得教学活动有趣，是讲师要考虑的。有的人可能会问，我讲的课程内容是比较枯燥的，如机器的运行原理，怎么让这些课程内容具有趣味性呢？其实，让课程内容具有趣味性并不是特别难的事，下面几个方法可以用来增强教学活动的趣味性。

用教学活动激发学员的好奇心

好奇心是刺激学员学习的重要动机之一。学员对于未知的事物和答案都有好奇心，所以讲师要激发学员的好奇心其实很简单——把自己要讲的课程内容转化成小问题或者小挑战，让学员自己来思考、探索和完成。学员在自己思考和探索后得出自己的答案，就会对正确答案感到好奇，也更迫切地希望听讲师来分享正确答案。如果自己的答案和讲师的答案一致，学员就会非常开心并有成就感；如果自己的答案和讲师的答案不一致，学员就会更加好奇，想听讲师的解读。

我有一个真实的案例。A 是一家互联网公司的工程师，他要给公司的其他工程师讲解"如何记录编程日志"。记录编程日志是每个工程师都要做的，相对来讲比较枯燥、流程化，如果不认真对待，就可能犯很多错误，导致编程日志编写不规范，从而给后期查找问题带来困难。A 要一一介绍这些错误，并告诉工程师如何预防和及时修正。这些内容看起来很枯燥，A 编写的每一页授课 PPT 上都是密密麻麻的代码。

　　为了吸引学员，A 决定充分利用学员的好奇心，用一个简单的教学活动改造了其授课 PPT，并取得了非常好的效果。A 放弃了之前逐一介绍每个错误的方法，而是把这些错误分成 7 个等级并变成 7 个关卡，让学员以小组为单位来闯关，每个关卡都是一篇带有错误的日志，小组的任务也很简单——找出错误，而且 7 个关卡的难度逐渐增大。这种活动设计方法是一个典型的把讲师讲解变成给予学员挑战的方法，工程师的学习热情被激发，他们热切地盼望下一个关卡的出现。在 A 做了这番改造后，这个课程当年被这家互联网公司评为最受欢迎的技术课程之一。

　　下面再来看一个把讲师讲解变成给予学员挑战的案例。在这个案例中，Mac 正在给新来的工程师介绍工厂所使用的内燃机的运行原理。Mac 把枯燥的理论介绍变成给学员的有趣的挑战——"互教互学"。

活动名称：互教互学

活动引导流程：

- Mac 先请学员组成两人一组，然后让小组内的两个学员进行"石头、剪刀、布"的猜拳游戏。

- 在 1 分钟后，Mac 请猜拳获胜的学员举手示意。然后 Mac 布置活动任务："请大家看 PPT 上的内燃机内部构造图，上面标注了很多零部件的名称。猜拳获胜的学员，现在你们要扮演'老师'，你们需要围绕这张图给猜拳输了的学员介绍内燃机的运行原理，而且

要讲得清楚、明白。猜拳输了的学员，现在你们要扮演特别好学
的'学生'，你们要尽可能多地向'老师'提问，直到自己真正明
白了内燃机的运行原理为止。"

- 在 5 分钟后，Mac 示意学员停止交流，请"学生"感谢"老师"
的讲解。

- 接下来，Mac 用 3 分钟的时间快速介绍内燃机的运行原理。

活动点评：

"互教互学"就是讲师在讲解某个关键知识点时，请学员互相教授。
可以是两个学员一组，一个学员扮演"老师"，另一个学员扮演"学生"；
也可以是多个学员组成一组，每个小组选择一个学员扮演"老师"，其
他学员都扮演"学生"。

为教学活动加入肢体运动

诚如前面所提到的，肢体运动可以让更多血液进入大脑，让人情绪更
加放松，因此讲师引导学员做一些有趣的肢体运动，会极大地增强教学活
动的趣味性。尤其是把某些肢体运动和课程内容进行关联，可以更好地提
高学员的参与度和学习效果。例如，Mac 在给学员介绍和办公室安全相关
的课程内容，课程安排在下午，Mac 非常需要做一些有趣的肢体运动来活
跃课堂气氛，因此 Mac 选择了"找到就坐下"这个教学活动。

活动名称：找到就坐下

活动引导流程：

- Mac 先给学员展示了一个物品：一个红色的、小熊模样的钥匙链，
这个钥匙链大概有半个手掌大。

- Mac 宣布活动规则："一会儿我会把钥匙链放在教室里的某个位

置。在我放置它的时候，大家都要闭上眼睛，不可以偷看。等我放好后，你们就可以在教室里走来走去。如果你看到了钥匙链，那么你千万不要喊出来，也不要给别人暗示，更不要去碰钥匙链，你需要做的就是若无其事地回到自己的座位上坐好，表示你已经看到钥匙链了。"

- 在确认所有学员都理解了这个活动规则以后，Mac 请学员闭上眼睛。Mac 把钥匙链放在了某个学员的学员手册下面，不过露出了小熊的一只耳朵。在放好后，Mac 继续在教室里走来走去，而且边走边开玩笑，目的是混淆学员的视听。

- 接下来，Mac 宣布活动开始。学员好奇地在教室里走来走去，有的学员很快就看到钥匙链了，他们回到自己的座位上坐好。慢慢地，可能只剩下两三个学员还没有看到钥匙链。Mac 宣布活动结束，请看到钥匙链的学员一起告诉没看到钥匙链的学员钥匙链在哪里。

- 最后，Mac 总结道："看到钥匙链的关键是发现它露出的那只小熊耳朵，这是钥匙链上的一个细节，容易被人忽略。办公室的安全问题往往也出现在很多细节上，如出现了异常的气味、某个灭火工具的把手脱落了等。希望大家在回到工作岗位之后也能保持这种高度警觉，不要忽略那些容易引发安全问题的细节。"

活动点评：

"找到就坐下"是一个很简单的寻宝游戏，不过别忘了"成人是长着高大身躯的小宝宝"，他们往往做得不亦乐乎，在这个过程中会伴随着好奇、伴随着欢笑。讲师还可以把找物品替换成眨眼睛，也就是让学员每人抽一张扑克牌，让抽到"大王"的学员成为眨眼睛的人，不过他不能让其他学员知道他的身份。之后，讲师请学员起立并开始走动，如果某个学员发现一个学员在向自己眨眼睛，这个学员就可以回到自己的座位上坐好。这种方式比找物品增加了更多的学员互动，可能会更加有趣。在做这两个教学活动时，有一个需要注意的事情——最后一个坐下的学员可能会感到尴尬（尤其是在采用找物品的方式时），因此讲师要在剩下两三个学员还没坐下时及时介入，不要让最后一个坐下的学员感到尴尬。

另外，虽然这个教学活动主要是想让学员做有趣的肢体运动，但如果讲师能在活动结束时像 Mac 一样把这个教学活动和自己的课程内容联系起来，那么活动效果会更好。

稀缺性

罗伯特·西奥迪尼（Robert Cialdini）在《影响力》[①]中提到，稀缺性对人的心理影响很大，事物一旦稀缺就会被珍惜，即我们常说的"物以稀为贵"。我们在铺垫与介绍一个教学活动时，可以适度地利用稀缺性原理，让学员对教学活动和交流机会更加珍惜。

例如，讲师要请学员起立与教室里的其他学员进行交流，这时讲师就可以说："今天的课程内容非常多，时间也比较紧张，因此我们只能留出 5 分钟的时间来进行本轮交流，只能允许每个学员和另外两个学员做交流。"

又如，在请各小组发言时，讲师可以强调："各小组的发言时间要控制在 10 分钟以内，因此各小组要珍惜自己的发言机会，只能从自己的讨论结果中筛选出一条最有价值的、最值得和全班学员分享的内容。"

当限定了学员交流伙伴的人数、分享内容条目的个数时，学员反而会格外珍惜这个机会，会更加认真地参与教学活动。

---

① 罗伯特·西奥迪尼. 影响力. 闻佳，译. 北京：中国人民大学出版社，2006.

承诺与自我选择

人们对自己选择的东西总会更加认可。因此，如果讲师在引导和实施教学活动时，把很多选项变成学员自己的选择，那么学员必然会积极参与教学活动，原因很简单——这是他们自己选择的。例如，本章在介绍心理安全时提到的"数字回答"活动，也是在运用人的自主选择会带来更强的内在驱动力这个原理，来刺激学员更快地回答讲师提出的问题。除了"数字回答"活动，还有其他教学活动也可以达到这个目的。

- 如果有几个问题需要学员讨论，那么讲师可以把这几个问题写在不同的白板纸上，并张贴在教室的墙上，请学员自己选择最想讨论哪个问题。

- 讲师在请学员起立寻找自己的交流伙伴时，把选择权交给学员。讲师可以对学员说："你觉得同哪些学员讨论这个问题对你的帮助更大，你就可以走过去，与那些学员进行交流。"

- 在布置课后阅读作业时，讲师给学员提供几篇文章，请学员选择自己最想了解的两篇文章来阅读。

- 在中午休息前，讲师给学员提供几个下午课程开始的时间点，请学员自己选择。当然，学员要选同一个时间。讲师还可以提示，越早开始上课，就可以越早下课。

下面是 Mac 在给学员讲解"呈现技巧"时所开展的一个教学活动。

活动名称：最感兴趣的内容

活动引导流程：

- （在介绍完课程的整体框架和要讲的主要内容后）Mac 给每个小组分发一套彩色书签，请每个学员都拿两张在手里。

- Mac 请学员从头到尾翻阅一遍学员手册，并在自己最感兴趣的两页内容右上方贴上彩色书签。每个学员最多贴两页。

● 在所有学员都贴好后，Mac 请每个学员都在自己的小组内快速分享自己选择那两页的原因。

活动点评：

"最感兴趣的内容"活动同本书第一章介绍的"小点投票"活动异曲同工。它们的核心目的都是让学员在开始课程的学习旅程之前识别自己的兴趣点，以便刺激学员的内在学习动机。

接纳

接纳是指每个人在社交环境中，从内心深处都有寻求接纳的心理诉求，这是典型的内在动机。这种寻求接纳的内在动机在生活中有非常鲜活的例子。例如，一个人在结束教导从教导所离开重新进入社会后，如果他被当作"曾经的问题人员"，不被家人和朋友接纳，那么他非常容易重新做出不良行为，从而又被送回教导所。而在教导所中，他反而更加容易获得接纳，他在这里似乎更加习惯和舒服。

学员在教室里也都希望获得接纳。每个人都不希望被其他人（尤其是同侪）排斥与厌恶，都喜欢同接纳、赞赏自己的人在一起。学员在课堂上的很多言语与行动，也都希望获得他人的接纳与赞赏。讲师可以利用学员寻求接纳的内在动机，在引导和实施教学活动时，促使学员更加积极地参与教学活动。

运用接纳感防止问题学员聚在一起

在课堂上，那些不太想好好学习、不太想投入、更想自己做些事情的学员会倾向于坐在一起，彼此接纳。例如，某个学员今天的工作特别忙，他想在课堂上打开电脑边听课边工作。如果与他同组的学员都不打开电脑，都在认真听讲，那么这对他来说压力比较大，他就不太可能明目张胆地打开电脑来工作。如果他的组员跟他的想法一样，他就会感觉良好，他们彼此接纳对方，他们都不会对自己的行为有愧疚感。如果讲师遇到了后面这种情况，讲师就需要尽快把这个小组的学员分开，打破他们彼此的接纳。例如，讲师可以暂停一下，提示学员刚刚讲过的知识非常重要，他希望学员能与更多的其他学员进行交流。接着，讲师让学员从 1 到 5 报数，然后让报相同数字的学员组成一个新的小组，这样一来，那些本来在同一个小组工作的几个学员就会被拆分到不同的小组中。在新的小组中，其他学员都在认真听讲，那些本来想工作的学员就缺少了小组接纳感，他们至少会从心理上会有所收敛，不会像原来那样明目张胆地打开电脑来工作了。

运用接纳感让学员彼此牵制

通过彼此牵制，学员可以共同促进课堂上的正向行为，这也是寻求接纳的内在动机带来的好处。因为人们都不喜欢被同侪厌恶，所以讲师可以多设计一些小组的交流和沟通，如让两个学员组成一组，在这种模式下，如果一个学员不积极参与教学活动，另一个学员就会受影响，另一个学员就可能对那个学员有意见。出于寻求交流伙伴接纳的内在动机，大多数学员都会积极参与这种两两交流的教学活动。此外，讲师还可以设计一些针对小组的集体奖励措施，获奖规则是小组的所有学员共同完成了某个任务或者达到了某个标准。例如，在课间休息结束后，如果某个小组的所有学员都能准时回到教室，那么这个小组的每个学员都可以获得奖励；但如果某个小组里有的学员迟到了，那么这个小组的所有学员都不能获得奖励。有了这样的获奖规则，每个学员都要顾虑自己的迟到行为会影响小组里的其他学员，自己可能会被小组里的其他学员排斥，因此每个学员都会尽可能多地展现正向行为，即在课间休息结束后准时回到教室。

第六章　如何应对课堂上的挑战性场景

我们在讲授各类培训技巧或者教学活动的设计方法时，发现一个非常受学员欢迎的关键研讨问题："作为讲师，你在课堂上遇到过哪些挑战性场景？应该如何应对？"讲师对这个关键研讨问题的讨论总是热火朝天的，讲师在说起自己遇到的挑战性场景时常常会滔滔不绝，而且觉得其他讲师所说的很多挑战性场景自己也深有体会。

当然，在讨论这个关键研讨问题时，我们需要先在如下 3 个方面做好说明。

- 当讲师在罗列自己遇到的挑战性场景时，最好从学员的行为入手，而不要从学员的动机入手。例如，有的讲师会说，在课堂上最让他觉得有挑战性的场景是，有些学员对课程内容完全不感兴趣、什么都不爱学。其实在我们看来，学员对课程内容感不感兴趣属于学员的内在动机问题，讲师并不好判断。讲师不能根据学员的某些行为就断定学员对课程内容不感兴趣，或者认为学员太自我、太封闭、不愿意接受新的知识，或者认为学员太懒、没有成长动机等。为什么不能这么简单地下结论呢？因为可能是讲师的授课过程过于枯燥，或者课程内容没有抓住学员的"痛点"，才会造成学员的某些问题行为。所以，在描述自己遇到的挑战性场景时，讲师不应从学员的动机入手，不做价值判断，而应更多地从可观察的、客观的学员行为入手，如学员不参与教学活动。

- 在谈到方法时，讲师常常倾向于说："如果碰到这类问题，我们该怎么办？"但我们更认为，挑战性场景不能仅从事后应对方面入手，但凡在课堂上出现了问题，讲师解决得再好，也会对学习环境造成一些负面影响。更好的方式是讲师把主要的精力放在预防这个环节上，更多地从前期的设计入手，思考在学习环境、活动流程上如何提前布局，才能最大限度地降低挑战性场景出现的概率。

* 最后一个方面，也是非常重要的一个方面——到底谁应该对学员出现的挑战性的、对学习不利的行为负责？学员要负责吗？我们可以认为学员必须具备一定的主观能动性，否则学员自己不想学，谁也不能逼迫学员学习。讲师要负责吗？讲师有责任把自己的课堂变得生动有趣，至少讲师要理解一些成人学习的原理、懂得一些脑科学原理，才能更科学地讲解课程内容。除了学员和讲师，还有别人要负责吗？例如，培训管理者，他们设计的学习项目或者规定的学习目标是否是学员真正需要的呢？又如，学员的上级管理者，他们有没有向学员解释为什么要来学习这个课程，有没有在让学员学习的同时又给其布置了繁重的工作任务？我们认为以上所列的这些人都需要对学员出现的挑战性的、对学习不利的行为负责。从这个意义上讲，讲师仅能做到自己应该做的，但绝不是课堂上所有的挑战都要由讲师来解决、所有的责任都要由讲师来承担。即使在课堂上出现了一些讲师解决不了的问题，讲师也不要把责任都揽到自己身上，以至于对自己的能力和水平产生怀疑，更不要轻易认为学员的挑战性行为是在针对自己。

在这里跟大家分享一个真实的案例。一位讲师在上课时发现绝大部分学员的表现都非常好，只有一位学员的表现特别不好，他上课迟到、睡觉，而且不参与任何教学活动。讲师在课间提醒了这个学员，但是这个学员没有任何改变。于是讲师就向这个学员的主管反映问题，但没想到这个学员的主管的回答竟然是："我也管不了他，他爱怎么样就怎么样吧。"这样看来，这个学员在自己的工作上一定是发生了相当大的问题，他在课堂上做出那些行为有很多赌气的原因，课堂之外的事造成了他在课堂上的情绪化的行为。讲师在了解了上述情况后认为不应该把学员的这些问题卷入课程中，给其他学员带来影响。于是讲师告诉这个学员："你可以在课堂上做任何可以做的事情，如睡觉、看报纸等，不过你需要坐到教室后面，不要再进到小组中，因为这样会影响其他学员。"这个学员也欣然接受了讲师的要求。

正如大家从上面这个案例中所看到的，在应对课堂上的挑战性场景时，讲师可以采用不同的方法。我们推荐的方法是通过课堂上的教学活动设计，来避免一些挑战性场景的出现。下面介绍两类实用的教学活动设计思路与方法，来帮助讲师预防课堂上的挑战性场景，从而更好地管理自己的课堂。

预防方法一：多准备"买账"的教学活动

在英文中有一个词叫"buy-in"，意思是让人认可、买账。很多学员在课堂上可能都有这样的困惑：我不清楚我为什么要来这里学习，我不知道我能从这个课程中获得什么，我不知道我在这个课程中需要关注哪些内容等。学员对于课程目标和课程内容价值的模糊与不解，容易造成学员学习动机的缺失，进而使学员可能在课堂上做出挑战性行为。

因此，为了刺激更多正向的学习行为发生，讲师需要做一些教学活动，让学员了解课程目标与课程内容的价值，尤其是在课程一开始时要做开场活动。

Mac 马上要给公司的中层管理者做一次"精益管理"的培训，这个培训课程是整个中层管理者培训课程中的一个。Mac 知道很多中层管理者会收到这个培训课程的邀请，但是他们可能并不清楚整个中层管理者培养课程的"全景图"，并不知道这个课程和自己的工作有什么关联。尤其是很多课程受邀者都是职能部门的管理者，他们很有可能认为"精益管理"是与自己无关的话题。Mac 要在自己的课程中融入"买账"的教学活动。在课程开始后，Mac 先简要介绍了课程的教学目标与内容框架，然后带领学员做了一个教学活动——"挑战与收获"。

活动名称：挑战与收获

活动引导流程：

- Mac 请每个学员都从桌子上拿两张贴纸，然后用 5 分钟的时间分别写下两个问题的答案。第一个问题：自己在努力提升管理效率时遇到的一个最大的挑战与问题。第二个问题：在这次"精益管理"的课程中，你希望能够获得的一点收获是什么。

- 在所有学员都写完后，Mac 请学员起立并找到一个现在和自己不是一个小组的学员，进行两两分享。分享的内容就是自己刚刚写下的两个问题的答案。

- 在 5 分钟后，Mac 请学员停止分享并把自己写好答案的贴纸分别贴在教室墙上的两张白板纸上（Mac 事先在教室的墙上贴了两张白板纸，一张上面写着"挑战"，另一张上面写着"收获"）。

活动点评：

"挑战与收获"非常适合作为开场活动。在这个活动中，学员需要围绕课程内容进行自我思考，需要把思考的答案写在贴纸上并同其他学员进行交流，最后还要把写好答案的贴纸贴在白板纸上，让讲师和其他学员都可以看到。这个活动的本质是邀请学员做出一个公开的承诺，从动机层面上来说，它有利于让学员更加认真地对待课程、更主动地在课程中寻找可以解决自己问题的内容。

在"挑战与收获"活动中还可以融入整个课程首尾呼应的设计。在课程结束时，讲师可以邀请学员起立并找到自己在上课之初写的"挑战"与"收获"，再次与其他学员交流：自己是否已经解决了挑战、有哪些收获等。

预防方法二：多准备体现课程内容应用价值的教学活动

要想让那些学习目标不清晰的学员产生学习动机，除了让他们认可课程内容，讲师还可以多让他们体验或了解课程内容在其实际工作中的应用价值。学员一旦发现课程内容能应用到自己的实际工作中，其学习动机就会大大增强。

Mac 在自己的"精益管理"课程中介绍了很多工具的用法，如鱼骨图可以用于寻找问题的原因。对 Mac 来说，一个比较好的设计是，每介绍完一个工具，就紧接着融入一个实践应用的环节。这个环节可以简单，也可以复杂。让我们来看 Mac 可以如何操作。

- 简单版。Mac 在每介绍完一个工具后，就请学员思考："这个工具可以协助你解决目前工作中的哪些问题？在解决的过程中可能会遇到什么挑战？如果问题解决了，那么会给你带来什么好处？"

- 复杂版。复杂一点的方法就是在课程中设计"个人项目实践"环节。Mac 可以请每个学员都在上课之前带来一个真实的管理问题，并在课程开始时就向学员说明，今天学员的任务是要用所学习的工具来解决自己带来的管理问题。接着，每介绍完一个工具，Mac 就请学员马上把这个工具应用到自己带来的管理问题上，尝试找到解决办法。如果学员在尝试过程中遇到了问题，学员就可以随时向 Mac 提出。有些讲师反映这个实践应用环节的效果可能很好，但是让每个学员都准备一个真实的管理问题比较难。如果是这样，那么讲师可以退而求其次，请学员以小组为单位，在课程开始前先共同讨论，找出一个真实的管理问题，并向讲师简要描述一下该问题，在得到讲师的认可后，学员就可以带着这个问题一起来学习课程内容，并应用即将学到的工具。

这两类教学活动几乎可以应用于任何一个课程主题。例如，讲师要讲授一个通用的课程——"沟通技巧"，讲师可以请学员思考一下："你目前在工作中面临的一个比较难沟通的对象和场景是什么？如与上级沟通一个项目计划、与下属沟通他的绩效评分等。"在所学员都识别了自己的沟通问题后，讲师每介绍一条沟通的原则或者一个沟通的技巧，就可以请学员把这条原则或者这个技巧应用到自己的沟通问题中，以制定出未来与沟通对象进行沟通时的策略和方法。通过上面的教学活动，学员就会感觉到课程内容能马上被应用，学员在整个课程中都能体验到课程内容的价值，学员就不太可能做出挑战性行为了。

　　以上我们介绍了两类可以预防课堂上的挑战性场景的教学活动。接下来，我们换一个角度来看，学员经常在课堂上做出一些挑战性行为，其中的动机和原因可能是什么？在理解了这些动机与原因后，讲师从教学活动的角度可以做些什么去应对或者避免学员的这些挑战性行为呢？下面介绍一些常见的学员的挑战性行为，以及利用教学活动去应对或者避免学员的这些挑战性行为的方法。

挑战性行为一：忙于工作

　　大多数讲师都遇到过以下情况：有些学员非常忙，他们一边听课一边制作工作用的 PPT，或者处理其他工作事宜；他们没有时间参与小组讨论；当被讲师提醒时，他们还会一脸委屈地告诉讲师，他们必须马上回复一封重要的工作邮件；在课程进行过程中，他们不断接到来电，然后频繁地进出教室打电话，甚至出去开电话会议，直到下课都没有回来……学员的这些行为不仅让自己无法获得完整的学习体验，还会极大地影响其他学员的学习体验和学习效果。

　　如果讲师预计在课堂上会出现这些情况，那么讲师可以采用如下方法来尽量降低这些情况的影响。

- 为学习与工作划一道清晰的界限。讲师可以告诉学员你很理解他们的工作繁忙，但为了确保所有学员都能最好地利用上课时间、使学习效率最大化，讲师建议每个学员都把自己椅子下面的部分划为"工作区"，在可以工作的时候，学员可以把和工作相关的东西从椅子下面拿出来；而在正式授课时，学员不可以工作，学员要把所有和工作相关的东西都放到椅子下面。在这个原则的指导下，讲师在课间允许学员工作，在准备开始上课时就明确地提出要求："马上要开始上课了，请大家把自己的工作物品整理一下，放到椅子下面，等到这个模块的学习结束时，才可以把它们拿出来。"讲师在提出要求后，可以留出 1~2 分钟的时间来巡视。这种方式的好处在于讲师为学习与工作划了一道清晰的界限，告诉学员"学习是学习，工作是工作"。

- 请学员先用 10 分钟的时间列一个清单，在清单上写明自己今天必须完成的事，包括学习、工作和个人生活中需要完成的事。然后，讲师请学员把这个清单夹在自己的学员手册中，并告诉学员他可以在课间和中午休息时多留一点时间让学员去处理他们清单上的事情，但前提是所有学员在课堂上都能高效地学习。让学员列清单是给予学员心理上的安全感，以免有的学员总是担心自己遗漏了什么。

- 多设计包含肢体运动的教学活动。如果讲师只是请学员认真听讲、认真思考，那么学员可能会认为自己可以一边工作一边听课（其实人的大脑是无法多线程工作的，如果学员在工作，他就无专心听讲；如果他在听讲，他就无法专心工作）。因此，讲师可以设计一些包含肢体运动的教学活动，让学员必须放下工作，如让学员起立到墙边去讨论，请小组一起为一套卡片进行分类和排序，请学员选取桌面上的物品来总结自己的学习收获等。这些起立、动手、动口的教学活动需要学员高度参与，可以将学员的注意力集中在课堂上。

- 不让问题学员聚在一起。如果一个小组的学员都很忙，都在用电脑工作，那么他们的行为会互相"支持"。而且"法不责众"的心理会让他们心安理得、更加肆无忌惮地做一些讲师不让做的事。因此，如果讲师碰到了这样的小组，讲师就要尽快把这样的小组拆开，如讲师可以让学员报数，让报到相同数字的学员组成新的小组。那些想用电脑工作的学员，在与专注于学习、不工作的学员组成一组后，其行为会有所收敛，因为与他同组的其他学员都在认真学习，只有他在忙于工作，他会觉得"不好意思"。

挑战性行为二：沉迷于手机

手机上的各种新闻、各种社交软件等对学员有很大的吸引力，便利的互联网让学员可以随时随地、非常简便地和教室外面的世界连接起来。因此，很多学员在课堂上沉迷于手机，甚至很多学员已经对手机有了心理依赖，只要自己有时间，就想看看手机。如何让学员不再沉迷于手机？我们推荐以下两个方法。

- 隔离手机。很多公司已经采用了这种方法。培训管理者在课程开始前就收取学员的手机，在下课后再还给学员。我们认为这种方法非常有效，唯一可能的风险是某些学员会有抵触情绪，不愿意上交手机；或者因为不满自己的手机被收走而在课堂上给讲师制造麻烦。所以，我们建议采用一些有趣的、有仪式感的方式来隔离手机。我们建议给每个学员都发一个牛皮纸信封，让他们在上面写下自己的名字，并把自己的手机"封印"在里面，放在教室里的某张桌子上。讲师可以强调，在课间休息之前，每个学员都有机会"赢回"自己的手机。在快下课时，讲师可以请所有学员起立，并让每个学员都随机拿起一个手机（注意不要拿自己的），然后说："在本节课中，大家表现得都非常好，接下来你们可以'赢回'自己的手机了。"（这里有一个心理学的小窍门，讲师把学员描述成专注、认真的形象，学员就会更愿意按照这个形象来展现行为。）接下来，讲师请每个学员都找到拿着自己手机的学员，并与他分享一下自己在这节课中最大的学习收获是什么。分享过的学员就能"赢回"自己的手机。这种模式会让学员觉得有趣，也会让学员发现自己远离手机后可以获得很多学习收获。

- 设计两两讨论的教学活动。我们发现让两个学员组成一个小组一起讨论，非常有助于促进所有学员都参与教学活动。讲师想做一个小组讨论，如果让 5 个、7 个甚至 10 个学员组成一个小组来讨论，那么某个小组中有一两个学员看手机是不会影响这个小组的讨论结果的，在之后这个小组的代表与全班学员分享自己小组的讨论结果时，这个小组也没有问题。但是如果是让两个学员组成一个小组来讨论，那么其中一个学员不参与讨论，另一个学员就不能讨论，这时那个不想参与讨论的学员的心理压力会很大，因为一般来说人们都不喜欢自己给别人带来麻烦。当有的学员在课堂上沉迷于手机时，讲师可以设计一个两两讨论的教学活动，要求每个学员都与自己身边的一个学员组成一个小组来讨论问题。当沉迷于手机的学员身边的学员要与他讨论问题时，沉迷于手机的学员即使心里不太情愿，也一定会放下手机并参与讨论。

挑战性行为三：害羞与内向

讲师在授课的过程中可能会发现一些学员几乎从不发言，他们在小组讨论时也主要是在倾听，但他们并没有走神，而是一直在认真学习与听讲。一般来说，这些学员大概率是比较害羞、比较内向的，所以他们不愿意表达自己的观点。

对待这些学员，讲师通常不需要做什么。他们不发言并不代表他们没有学习，这可能是他们更习惯的方式，讲师可以允许他们按自己的方式继续学习。当然，如果讲师想鼓励他们分享与交流，那么讲师可以采用如下方法，这样既不会给他们造成特别大的压力，又可以鼓励他们积极分享与交流。

- 有意地选这些学员当组长。一个常用的选择方法是，讲师观察这些学员的特征，有意地选这些学员当组长。例如，一个女学员非常内向，不爱说话，讲师观察到她穿着一件粉色的上衣，可以这样说："在这一轮的小组讨论中，我们请小组里上衣颜色最鲜艳的学员来当组长，负责组织大家讨论，之后与全班学员分享。"这样一来，那个女学员大概率会被选为组长。当她代表小组发言时，讲师可以充分地表示鼓励与认可，让她感受到发言后的成就感，后续她就会更加开放、更加乐于分享与交流。

- 多利用"个人—小组—全班"这个框架。这些学员在小组中容易被淹没，如果教学活动都是小组讨论，那么这些学员几乎不会发言。因此，讲师利用"个人—小组—全班"这个框架，让每个学员都先思考并写下自己的答案，然后轮流发言，这样就能确保害羞与内向的学员也有机会发言，让他们说出自己的想法。

挑战性行为四：迟到

很多讲师都遇到过这样的场景：马上要开始上课了，才来了不到一半的学员，培训管理者焦虑地给每个没来的学员打电话询问情况。在遇到这种场景时，大部分讲师都会选择推迟 5~10 分钟再开始授课，等一等迟到的学员。这种做法我们是不建议的，我们在前面的章节中已经说明过，这对准时来上课的学员并不公平。因此，我们建议在遇到这种场景时，讲师不仅要准时开始授课，还要感谢那些准时来上课的学员（因为这样才是公平的），同时做一个"软"开场，即提供一些对学员有价值但学员没听到也不会影响其后续学习的内容。除了被动应对学员的迟到行为，讲师还可以采用以下几种方法来避免学员的迟到行为。

- 在学员到齐后（通常是在课程开始后的 30 分钟之内），讲师可以再次感谢今天准时来上课的学员，同时再次声明，在每次休息结束后课程都会准时开始。这样的沟通可以非常清晰地向迟到的学员表明"准时来上课是被鼓励的行为，而迟到是不可接受的行为"。有些讲师对学员的迟到行为不太重视，这会导致很多学员认为迟到是讲师默许的，下次他们也可以迟到。可见，讲师如果对学员的迟到行为保持沉默，就会强化学员的迟到行为。

- 用有趣的信息吸引学员准时来上课。讲师可以强调，每节课都会准时开始，而且他在每节课开始时都会介绍一些实用的职业发展建议或者工具，迟到的学员会错过这些实用的内容。此外，讲师还可以强调，每个准时来上课的学员都会得到一个奖品。奖品的形式不限，可以是实物，也可以是一首有哲理的小诗。不管是什么奖品，讲师的目的都是使学员准时来上课。

- 利用群体约束的力量。讲师可以设计一个机制：如果某个小组的所有学员都能准时来上课，那么这个小组的每个学员都可以获得奖励；但如果某个小组里有的学员迟到了，那么这个小组的所有学员都不能获得奖励。这样一来，每个学员都不希望自己成为那个拖小组后腿的人。

- 惩罚迟到的学员（这种方法我们不太建议）。例如，迟到的学员必须发红包或者唱一首歌。我们发现这种方法大概率会让迟到的学员成为被其他学员"看笑话"的对象，会引起迟到的学员比较大的心理排斥，可能会导致他们产生抱怨的负面情绪，从而影响他们接下来的学习体验，因此我们不太建议惩罚迟到的学员。

挑战性行为五：质疑或反对讲师的课程内容

大多数讲师都遇到过这样的挑战性行为：学员质疑或反对自己的课程内容。具体情况是，学员质疑讲师的课程内容的正确性，或者提出一个相反的观点。

在为这项挑战性行为提出应对方法之前，我们首先要声明，讲师不能一开始就假设学员这么做是在找碴儿。虽然有的学员确实是在找碴儿，但讲师不能臆断所有质疑或反对自己课程内容的学员都是在找碴儿，否则讲师就会一味地维护自己的尊严，竭力地证明自己是对的、学员是错的。

当学员质疑或反对自己的课程内容时，讲师应坦然面对，把学员的质疑或反对当成提高课程内容严谨性的机会。如果学员所说的有道理或者有合理的部分，那么讲师应该感谢学员的指正与补充并坦然接受；如果学员所说的不合理，那么讲师可以不采纳，但要感谢学员提出了不一样的观点，并表示这种质疑或反对让课堂上的交流更加健康、更加完善。

以上方法都是在介绍讲师如何应对学员质疑或反对讲师课程内容的挑战性行为。那么，有没有什么方法能让讲师更好地预防和管理学员质疑或反对讲师的课程内容的挑战性行为呢？讲师既希望学员善于思考、勇于提问、敢于质疑，又希望学员的质疑或反对是有益的、处于讲师可控范围内的，因此讲师可以采用以下几个方法来预防和管理学员质疑或反对讲师的课程内容的挑战性行为。

- 在课程开始时营造良好的课堂氛围。讲师可以在课程开始时就强调课堂不是讲师单向地在传递自己的经验和方法的场所，而是一个讲师与学员双方共同交流、共同探索的场所。讲师提前对学员的经验进行认可，并强调学员的经验同样是课堂上宝贵的财富。

- 在有学员提出质疑或反对时，讲师可以多做澄清性的提问，让学员围绕自己的质疑或反对做进一步的解释。例如，讲师可以这样提问："你提出的观点与判断很有意思，能不能进一步解释一下，你为什么会有这样的观点、做出这样的判断呢？你的解释有助于我们更加清楚和理解你的观点与判断。"很多时候，学员提出质疑或反对仅仅是因为他对理解某个知识点的背景、情境、假设等与讲师不同。讲师利用澄清性的提问，能自然而然地让这些背景、情境、假设等浮现出来，讲师再稍加提示，学员的质疑或反对就会迎刃而解。

- 主动识别与认可教室里的资深学员。通常什么样的学员最容易质疑或反对讲师的课程内容呢？根据我们的经验，经验丰富、工作时间较长的资深学员更容易质疑或反对讲师的课程内容。有的学员因为自身经验丰富，认为自己有一些独特的见解，希望在课堂上得到他人的关注与认可，于是在这种动机的驱动下，他就用质疑或反对讲师的课程内容的方式来表现自己。因此，讲师如果听说教室里有资深的学员，那么最好先识别出他们，并给予他们充分的认可，让他们希望得到关注与认可的动机得到满足。在他们希望得到关注与认可的动机被满足后，他们基于这种动机去质疑或反对讲师的课程内容的概率就会大大降低。

如何识别教室里的资深学员呢？我们有一个非常简单而且容易操作的教学活动，下面用 Mac 的例子来说明。

Mac 正在进行一场演讲技巧的培训，参与培训的学员都是公司里的内部讲师。据 Mac 所知，这些学员中有几个学员常年讲课，经验非常丰富，因此 Mac 决定在课程开始时就创造机会去识别与认可这些学员。在课程开始不久后，Mac 就设置了一个小组讨论的讨论题："要成为一个优秀的内部讲师，最重要的一项能力是什么？"在布置完讨论题后，Mac 请每个学员都计算一下自己担任内部讲师的年限，并说明由小组里担任内部讲师年限最长的学员担任本轮讨论的组长，由组长负责引导这一轮讨论。Mac 的话音刚落，各小组的学员就开始交流自己担任内部讲师的年限。在大概 1 分钟后，Mac 叫停小组讨论，并请当选组长的学员举手，然后询问他们担任内部讲师的年限。在全部询问完后，Mac 对所有学员说："这些学员都是经验非常丰富的学员，他们为公司做出了巨大的贡献，也是我们今天的课堂上非常宝贵的财富，让我们送给他们一点掌声吧！"当听到 Mac 和其他学员的掌声时，这几个组长都非常开心。

这样一来，Mac 就完成了对这些资深学员的识别与认可。经过这番操作，这些资深学员大概率会成为 Mac 在课堂上的助手，而不会给他制造麻烦。

在做这个教学活动时，还要注意一个细节。如果 Mac 发现某个小组里的学员担任内部讲师的年限都很长，甚至该小组学员担任内部讲师的最短年限也比其他小组学员担任内部讲师的最长年限要长，那么 Mac 最好通过重新分组的方式把这个小组拆开，因为当资深学员凑在一起时，他们很容易联合起来给讲师出难题，做出一些挑战性行为。

挑战性行为六：提出难缠的问题

在课堂上，有些学员可能会提出一些讲师回答不了的问题或者与课程内容关系不大的问题。讲师一直深受这种难缠的问题的困扰。

在提出解决方法前，我们首先要澄清：学员在课堂上积极提问，对讲师来说是好事。我们发现，很多讲师，尤其是经验丰富的非专业讲师，如果只是自己讲，那么他们通常讲不出特别精彩的内容，但是当学员提问时，他们的回答往往十分精彩。所以，学员的提问和讲师的临场回答有时可以相辅相成，为讲师的课程增色。

当然，如果遇到难缠的问题，讲师的课程就会失色不少。所以，当讲师预估到在某次课程中学员可能提出自己回答不了的问题时，讲师除了要增强自己的内功（如更加精心地准备课程内容及相关的知识），还可以利用一些有效的方法让学员提出的问题不那么难缠。

- 使用问题"停车场"。在课程开始时，讲师可以在课堂上说明自己回答问题的规则。例如，讲师在墙上张贴一张充当问题"停车场"的白板纸，说明在今天的课堂上，他欢迎学员提问，不过对每个问题可能会采取不同的回答策略，如有的问题适合马上回答，他就会马上回答；有的问题值得大家深思与讨论，他就会邀请学员共同思考和回答；有的问题不太适合马上回答，可能另有合适的回答时间，他就请提问的学员把问题写在贴纸上，并将贴纸张贴在问题"停车场"上，待时机合适时再回答。在做好这样的铺垫后，讲师就有较大的余地去处理学员可能提出的难缠的问题。

- 运用有效的教学活动，尽量降低自己"无准备"的问题被提出。我们还以 Mac 的演讲技巧培训为例，来说明如何运用有效的教学活动来实现这一点。Mac 的培训课程持续了两天。在第一天的课程结束时，Mac 请每个学员都回顾一下自己今天所学的课程内容，并且提一个自己最想问的问题。学员把自己的问题写在贴纸上，并和其他学员交流自己的问题，在交流完后把自己的贴纸贴在白板纸上。学员在完成这个步骤后就离开教室了。Mac 则留下来仔细查看每张贴纸上的问题，系统地进行梳理，并挑选了几个有代表性的问题，在第二天上课时集中做了回答。通过这种主动出击的操作方式，Mac 获得了一个晚上的准备时间，哪怕碰到了刁钻古怪的问题，Mac 也有比较充分的时间去思考和准备。

场景化教学活动应用

本部分会挑选一些几乎每个讲师都会碰到的培训场景，推荐一些简单、容易操作且效果较好的教学活动。同时，我们也希望借助这些教学活动，带领大家回顾与整合前面介绍的教学活动设计、引导和实施的方法。因此，本部分在介绍各个教学活动时，还会加入讲师在引导和实施教学活动时可以使用的话术及其他注意事项。

本部分所介绍的教学活动大多数都是可以直接使用的，少数教学活动可能需要讲师根据自己的特定培训场景进行调整。

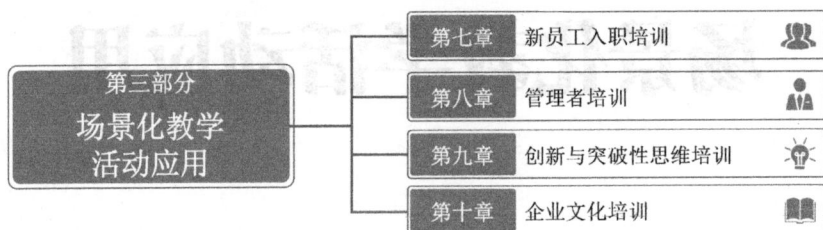

第三部分 场景化教学活动应用	第七章	新员工入职培训	👥
	第八章	管理者培训	👤
	第九章	创新与突破性思维培训	💡
	第十章	企业文化培训	📖

第七章　新员工入职培训

我们在为客户提供教学活动设计与咨询服务时，新员工入职培训是一个经常被谈论的话题。有的企业每个月都有新员工入职培训，每次参与的人数从几个到几十个不等；有的企业以校招为主，新员工入职培训集中在8月和9月，每次参与的人数都有几百个甚至上千个。企业的培训场景与特点大不相同。我们同时发现，虽然不同企业所在的行业不同，但在新员工入职培训的内容上极为相似，基本都包含企业的历史与文化介绍、企业的战略介绍、企业的人力资源政策介绍，以及对一些员工职业素养的基础要求。

在我们看来，新员工是学习动机强、社交需求强、在课堂上非常积极且配合讲师的一类学员。然而，他们所学习的内容常以介绍信息为主，这很容易让他们觉得枯燥、乏味。因此，我们围绕新员工入职培训的场景，整理了3个有针对性的教学活动，分别对应培训过程中可能有的不同挑战。

活动名称：原来你也这样

适用背景与目标：

新员工入职培训通常时间比较长，一般要持续 3~7 天，甚至更长。同时，学员在新员工入职培训中的社交需求非常大，很多学员都对和自己一起加入企业的人感到好奇，并希望和他们交朋友，以建立自己在企业中的人脉。

因此，很多企业会在新员工入职培训开始之前或进行当中的一个晚上安排一个团队破冰活动，甚至借助外部的专业拓展机构来完成。在新员工入职培训中安排团队破冰活动是非常好的，能让学员在短时间内互相认识与了解。但是团队破冰活动也面临着以下两个挑战。

- 如何让所有学员都能互相认识与了解。团队破冰活动通常采用竞赛模式，以小组为单位进行。因此，学员往往只能认识与了解本小组内部的学员，并不认识与了解其他小组的学员。如何让所有学员都能够互相认识与了解，是团队破冰活动面临的一个挑战。

- 如果新员工入职培训持续一周的时间，那么每天都需要开场活动，都应有学员融入的环节。如何让学员每天都有机会与更多的学员互相认识与了解，同时还能保持团队破冰活动的新鲜度，是团队破冰活动面临的另一个挑战。

在这里，我们介绍一个可以用在新员工入职培训中的开场活动。这个活动可以让课堂上有延续性的社交活动，让学员有机会在学习过程中不断地互相认识和加深对其他学员的了解。

适用人数：

10~50 人。

活动时间：

平均 10 分钟左右。

准备材料：

- 一个纸盒（鞋盒大小即可），类似抽奖箱，上端有开口或者盖子，让学员可以把手伸进去拿取物品。
- 为每个学员准备 3 张空白的卡片（名片大小即可），卡片的质地最好偏硬。

活动流程：

- 讲师引入活动："为了让大家能够在这几天的学习中有机会认识与了解更多的学员，我在培训开始时想要带领大家做一个有趣的活动。通过这个活动，你会发现其实自己身边有很多志同道合的学员，希望在培训结束后你们能成为好朋友，成为可以互相信赖与支持的伙伴。"我们在介绍学员参与活动的心理动机时曾说过，关联性是非常重要的一个心理动机，让学员了解该活动与自己的关联、对自己的意义非常关键。

- 讲师为每个学员分发 3 张卡片，并做如下引导和安排。

  ➢ "请大家回顾一下自己过往的人生，找到 3 个你自己觉得很有趣、很独特的经历或者爱好，分别写在不同的卡片上。"

  ➢ "举个例子，我曾经有一次去授课，只有 3 个学员，我觉得这件事让我印象深刻，我觉得这件事很独特，可能很少有人与我有同样的经历，我就可以把这件事写在一张卡片上：'我曾经在只有 3 个学员的课堂上讲课。'卡片上也可以写你独特的个人爱好，如'我特别喜欢在夜深人静的时候在大街上跑步'等。"

  ➢ "如果你愿意，那么在写完你的经历或者爱好后，你可以签上自己的名字。当然，你也可以不写。"安全感是学员的一大心理诉求，讲师要充分理解部分学员"不愿意让自己凸显出来的"心理诉求，尊重他们的想法。

  ➢ 讲师留给学员 3~5 分钟的时间去思考和编写。在学员思考和编写的过程中，讲师可以播放轻快的背景音乐。等所有学员都写好后，讲师收集所有卡片并放入准备好的纸盒中，稍后使用。

- 讲师请所有学员起立，人数大致平均地分立在教室的两侧，靠墙站好。

- 讲师解释活动目的："有一件很奇妙的事是，你觉得自己有一个独特的经历或者爱好，可是突然某天你惊喜地发现，在某个地方有另外的人也有这样的经历或者爱好。今天就让我们看一看在这个教室里，有多少学员会有这样的惊喜发现。"

- 讲师解释活动要求。

  ➢ "我会从纸盒中随机抽出大家写的卡片，并念出上面所写的内容。但我不会念任何人的名字。"还是那句话，学员有"不愿意让自己凸显出来的"心理诉求，讲师要时刻关注到。

> "不管这张卡片是不是你写的，如果你也有过类似的经历或者相同的爱好，就请你往前走一步，看看有多少学员同你一样。"

- 讲师从纸盒中随机抽出一张卡片，并且念出上面所写的内容，然后停顿大概 1 分钟，看看教室里有多少学员会往前走一步。根据我们的经验，少则有两三个，多则有十几个。学员会非常好奇谁往前走了一步，还可能会发出惊叹声和笑声。如果当讲师读完某张卡片上所写的内容时，只有一个学员往前走了一步（就是写这张卡片的那个学员），那么讲师可以邀请他更详细地分享自己独特的经历或者爱好。例如，这个学员写的是"我曾经坐过直升机"，讲师可以请他分享一下他是在什么场景中坐的、当时的感受如何等，并且让其他学员送给他一些掌声，以对他独特的经历表示认可。

- 在抽出 5 张卡片后，讲师可以说："现在大家已经看到了教室里学员的经历或者爱好，现在请大家组成两三个学员的小组，你们可以找和自己有相同经历或者爱好的学员，也可以找那些与自己有不同经历或者爱好的学员。在组成小组后，大家简要地介绍一下自己，然后用 2~3 分钟的时间分享一下自己对今天课程内容的期待。"因为学员刚刚做了有趣的活动，所以学员互相交流的动机会比较强。

- 在学员交流了 5~6 分钟后，讲师就可以请学员感谢同组的学员，然后回到自己的座位上。

- 讲师可以在每天课程开始的时候都把这个纸盒拿出来，采用同样的流程实施这个活动（注意：已经被抽出的卡片不要再放回纸盒里）。等到后面几天学员越来越熟悉时，讲师可以做些改变，如讲师先念一张卡片上所写的内容，让学员猜一猜这个经历或者爱好可能是谁的。猜对的学员会有成就感（因为他猜对了），被猜出来的学员也会感到开心（因为他感觉自己被关注和认可了）。

* *

活动名称：态度 vs 技能

活动背景与目标：

在培训新员工时，讲师往往希望新员工在进入工作岗位后能够用积极、正向的心态对待工作，与他人进行合作，面临困难不逃避等。这也是为什么在很多新员工入职培训中都会融入职业素养课程。然而，讲师仅仅在授课 PPT 上用突出的字体显示"态度决定一切"并没有什么实际效果，也许学员在课堂上还有点激动，但在下课后很快就会忘记。下面的这个活动可以促使学员认识到态度的重要性，更关键的是，这个重要性是学员自己总结出来的，他们从心里更认可、记忆更牢固、回去践行的可能性更大。因此，这个活动可以作为新员工职业素养课程的激活活动，为讲师引入职业素养课程的内容做良好的铺垫。

适用人数：

不限。

活动时间：

30 分钟左右。

准备材料：

* 如果教室里的椅子排列是鱼骨形的，那么讲师可以为每个小组准备一张白板纸和几支白板笔。

* 如果教室里的椅子排列是"排排坐"形式的，那么讲师可以为每个学员准备一张用于记录自己答案的 A4 纸。在第四章中，我们曾介绍过如何设计学员的学习材料。学习材料的设计对于设计"排排坐"场景中的教学活动非常重要。

活动流程：

- 讲师引入活动："假设你马上就要被公司抽调进一个重要的项目组中。项目组中有各种各样的同事，大家要一起完成同一个重要的目标。我先请大家自己思考 3 分钟，并且在纸上写下你最希望你所在项目组中的其他同事具备什么样的特征或者能力。也就是说，你心目中的理想的组员是什么样子的。请在 3 分钟内写出至少 5 条答案。"在第二章中，我们介绍过一个关键研讨问题的设计角度——针对性、具象化、目标感，在设计这个思考题时要尽量满足这 3 个角度的要求。

- 讲师组织小组交流。

  ➢ 如果教室里的椅子排列是鱼骨形的，那么讲师可以这样组织："请每个学员在组内分享一下自己的答案，并且简要分享一下原因。在分享结束后，请小组合并组员的答案中相似的部分，并整理出一个清单，清单中至少要包含 7 项特征或者能力，准备与全班学员分享。"注意：在这个活动中，我们采用的是"个人—小组—全班"这个框架。

  ➢ 如果教室里的椅子排列是"排排坐"形式的，那么讲师可以这样组织："请每个学员在组内分享一下自己的答案，并简要分享一下原因。在分享结束后，小组需要整理一个清单，合并组员的答案中相似的部分，并在学员手册中写出你们能想到的所有特征或者能力。"

- 讲师请各小组分享自己的答案（如果教室里的椅子排列是"排排坐"形式的，就忽略这一步，直接进入下一步）。建议请每个小组只分享一个自己认为最重要的答案，在所有小组都分享完后，讲师再邀请各小组补充。在各小组分享自己的答案时，讲师要把各小组分享的答案要点一一记录在白板纸（见图 7-1）上，并让答案要点之间保持适当的间距，为后面的总结做好准备。

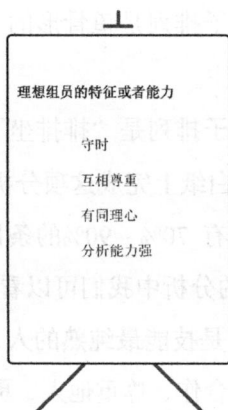

图 7-1　讲师记录各小组分享的答案要点的白板纸

* 讲师进行总结："我们分析一下大家的答案，来看看这些特征或者能力更多地和一个人的态度相关，还是更多地和一个人的技能相关。如果这个优秀的特征或者能力更多地反映了一个人的工作态度，那么我们在该条目前面标上'A'（代表英文的'态度'一词：Attitude）；如果这个优秀的特征或者能力更多地反映了一个人的技能，那么我们在该条目前面标上'S'（代表英文的'技能'一词：Skill）。"标注样例如图 7-2 所示。

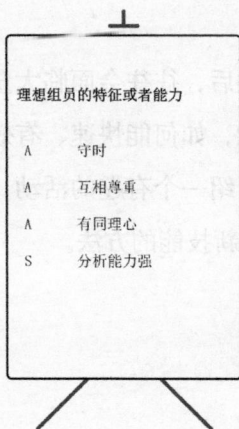

图 7-2　标注样例

> 如果教室里的椅子排列是鱼骨形的，那么讲师可以带领学员一起逐条分析并标注。

> 如果教室里的椅子排列是"排排坐"形式的，那么讲师可以请各小组在自己的白纸上完成这项分析与标注工作。

- 根据我们的经验，会有 70%~90%的条目被标注"A"。之后，讲师结束活动："从刚才的分析中我们可以看到，在大多数项目组中，最受欢迎的人并不一定是技能最纯熟的人，而是工作态度积极、遇到问题不畏挫折、乐于合作、尊重他人、勇于承担责任的人。同样地，在日常的工作岗位中也是如此，虽然大家还是各自团队的新人，可能有很多不熟悉、不了解、需要学习的地方，但是只要你有一个积极向上的工作态度，就能成为让其他人喜欢并认可的人。那么，如何才能更好地成为这样的人呢？今天的职业素养课程会给大家一些答案。"

- 讲师讲解自己准备的职业素养课程的内容。

活动名称：学习一个新技能

活动背景与目标：

新员工在进入工作岗位后，往往会面临大量需要学习和掌握的技能。针对工作中需要的这些技能，如何能快速、有效地学习和掌握，是每个新员工都关心的话题。下面介绍一个有趣的活动，这个活动可以带领新员工讨论快速、有效地学习一个新技能的方法。

适用人数：

不限。

活动时间：

20 分钟左右。

准备材料：

- 如果教室里的椅子排列是鱼骨形的，那么讲师可以为每张桌子准备 20 张左右的活动纸（A4 纸即可）。活动纸的样式如图 7-3 所示。

- 如果教室里的椅子排列是"排排坐"形式的，那么讲师为每个学员准备 3 ~ 5 张活动纸（样式同图 7-3），也可以将活动纸打印在学员手册上。

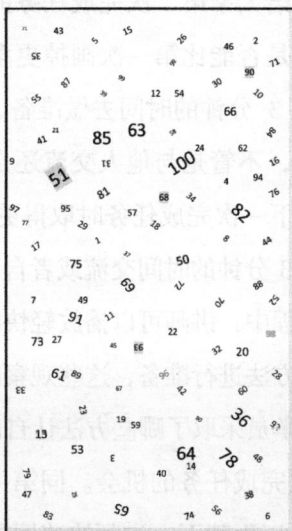

图 7-3 活动纸的样式

活动流程：

- 讲师布置任务："请每个学员拿出一张活动纸，先把正面朝下，在没有得到我的指示之前，谁也不可以把纸翻过来（注意：这一步是在说明活动正式开始的信号，以确保所有学员都在同一时间节点上开始活动）。首先，听我把任务的要求介绍清楚。任务的要求是按照顺序画掉数字，也就是先找到 1，画掉；然后找到 2，画掉；直到找到 100，画掉为止。记住，不能打乱数字的顺序，必须按顺序进行，如果没有找到 6 而看到了 7，那么也不可以画掉 7。不过，我只能给你们 20 秒的时间。画掉的数字越多越好。这是一个个人独立完成的任务，不需要与他人交流。"在确认所有学员都理解了任务的要求并没有异议后，讲师发出指示，学员把纸翻过来，开始完成任务。在 20 秒后，讲师宣布时间到，所有学员都停手。

- 讲师布置交流任务。

  ➢ "请大家在小组内互相交流一下自己画到了哪个数字。"

  ➢ "一会儿我会给大家第二次完成任务的机会，大家可以重新尝试，看看自己是否能比第一次画掉更多的数字。在开始任务之前，我给大家 3 分钟的时间去做准备，你们可以选择任何方法为自己做准备，不管是与他人交流还是自己思考，你们的目标都是让自己在下一次完成任务时取得更好的成绩。"

  ➢ 讲师留给学员 3 分钟的时间交流或者自己思考。在学员交流或者自己思考的过程中，讲师可以播放轻快的背景音乐，同时观察学员采取了什么方法进行准备，这些观察的结果可以用在活动结束后的点评中：学员采取了哪些方法让自己尽快掌握一个新技能。

- 讲师给学员第二次完成任务的机会。同第一次一样，每个学员拿出一张新的活动纸，正面朝下。讲师快速回顾任务的要求，在确认所有学员都没有异议后，讲师宣布任务开始。在时间到后，讲师给学员 1 分钟的自由交流时间（通常在任务结束后，学员都会有兴趣看其他学员的完成情况）。等学员交流后，讲师可以进行调查：请第二次比第一次画掉数字多的学员举手。通常情况下，绝大多数学员都会取得比第一次更好的成绩。

- 讲师引导活动总结与小组讨论："刚才所有学员都经历了一个比较典型的学习一个新技能的过程。你们接到了一个新任务，你们对这个任务并不熟悉，需要慢慢摸索如何可以把这个任务完成得更好。接下来，请每个小组做一个小组讨论：回顾刚才的活动过程，思考是什么原因让我们第二次完成得更好。进而请大家总结一下：哪些事情或者行为有助于我们更好地学习，能让我们更好地完成新任务。举个例子，在第一次任务中，我旁边的学员完成得很好，在中间的 3 分钟交流时间中他教了我一些方法，因此我认为'向他人请教'是一个可以更好地学习的方法。我会给大家 6 分钟的讨论时间，每个小组要写出尽可能多的答案。"讲师可以为每个小组选择一个学员作为这次小组讨论的组长，让组长来引导大家讨论、记录答案并且准备分享。

- 讲师引导小组分享："请每个小组的组长分享自己小组的答案。每个小组先分享一个自己认为最有价值的答案。"在每个小组的组长分享完后，讲师要进行点评与总结，尤其要注意结合自己在中间观察到的行为和一些延伸的经验。例如，学员说"向他人请教"，讲师可以进一步点评说："大家在实际工作中接到新任务时，周围一定会有已经做过这个任务的人，新员工一定要虚心向他们请教。当然，大家在向他人请教的时候应该注意……（讲师分享几条在向他人请教时的注意事项）"

- 通常，在这次小组讨论中学员可能总结出如下答案：向他人请教、自己多练习、自己不断总结方法、给自己设定明确的目标、设定有益的竞争氛围、对自己保持信心等。

- 在这个任务中还有一个"彩蛋"，讲师可以看看学员是否能发现。活动纸上的数字排布遵循一个规律：奇数在左边，偶数在右边。如果学员能够发现这个规律，那么学员找数字的速度会提升。从这一点中也可以引导出一个学习规律：好的学习应该不断反思、总结，并且找到规律。讲师可以进一步告诉新员工：未来在工作中学习的时候，要不断做好个人的总结、复盘，以便成长得更快。

第八章 管理者培训

企业内各层级的管理者往往是内部培训的重点对象。一方面，这些人的成功与否对企业的运营结果影响非常大；另一方面，如何有效地管理他人和团队并不是人们先天就具备的能力，而是人们需要后天不断学习才能习得的技能。因此，企业把管理者培训作为重点项目来抓。

一般来说，管理者的学习能力强，个人能力突出，同时具有一些管理经验。与一般的员工相比，他们在培训课堂上往往有更高的心理诉求，比较突出的是，很多管理者对自己有比较高的评价，他们不希望培训课堂只是讲师的"一言堂"，而是希望自己能有更大的学习自主性，希望在培训课堂上最大限度地调用自身已有的管理经验，希望同其他管理者进行更多的分享与交流等。能否满足这些心理诉求，对讲师授课成功与否至关重要。围绕管理者的突出心理诉求，我们提供了 3 个实用的教学活动，供大家参考和使用。

活动名称：领导力模型

活动背景与目标：

把公司的领导力模型介绍给管理者，是很多讲师都会面临的一个培训场景。讲师会把这个部分同管理者的角色认知模块合在一起，介绍公司的领导力模型都有哪些能力要求，以及每项要求下的管理动作。在介绍公司的领导力模型时，最大的挑战是内容比较抽象，条目比较多，因此介绍起来比较枯燥。更关键的是，介绍公司的领导力模型的核心教学目标往往是希望管理者认可这个模型，而仅依靠单纯的讲解不容易实现这个教学目标。

下面介绍一个活动，这个活动可以让讲师枯燥的介绍与讲解变得更加有趣，而且学员参与这个活动可以让他们对管理者的角色、职责及能力的认知更加深刻。

适用人数：

10～50人。

活动时间：

45分钟（假设为5个小组，如果小组数量增加，时间就会延长）。

准备材料：

- 为每个小组（每个小组3～7个学员）准备一套材料：一个牛皮纸袋，里面放入曲别针、皮套、橡皮、格尺、一段毛线、口哨、小弹力球等。这些物品很容易找到。
- 把公司的领导力模型的条目及描述打印在卡片上，如图8-1所示，可以把条目打印在卡片的正面，把描述打印在卡片的背面。

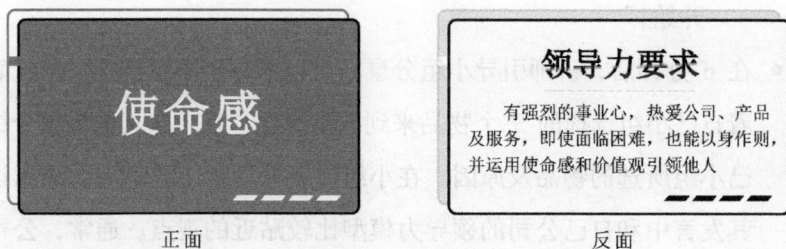

正面　　　　　　　　　　　反面

图8-1　把公司的领导力模型的条目及描述打印在卡片上

活动流程：

- 讲师引入此课程主题，说明接下来想探讨一下"在我们公司里，一名管理者应该具备什么能力"。

- 讲师给每个小组分发一个牛皮纸袋，并说明活动的要求。
  - ➤ "我在牛皮纸袋里面放了各种各样的物品，大家可以把它们取出来放在桌子上。"
  - ➤ "我给大家 6 分钟的时间，请各小组进行讨论：假如你们要选择 3 个物品来代表在我们公司成为一名优秀的管理者需要具备的能力，你会选择哪 3 个。要知道，一名管理者应该具备什么能力，其实是和公司所处的情境、公司的文化和价值观等息息相关的。"
  - ➤ "例如，我可能会选择格尺，因为我认为咱们公司的业务发展得很快，很多事情还没有清晰的规范与标准，作为管理者，要能在自己的团队中逐步整理出各类事情的规范与标准，并且公正、严格地要求大家遵守。如果缺少规范与标准，团队和公司的管理就容易混乱，进而造成人心涣散。"注意：因为问题比较抽象，所以讲师一定要给出示范答案，以便学员更好地理解问题。
  - ➤ "根据上面这个例子的提示，请大家在小组内进行选择和讨论。在 6 分钟以后，我会请每个小组分享你们选择的物品及原因。开始！"
- 在 6 分钟后，讲师引导小组分享。可以请每个小组推选一个代表拿着自己小组选择的 3 个物品来到教室前面，逐一向其他小组介绍自己小组所选的物品及原因。在小组代表分享时，讲师需要注意识别其发言中和自己公司的领导力模型比较贴近的观点。通常，公司的领导力模型相对来讲比较开放，因此学员的大多数发言都会与该模型有关联。
- 讲师引入公司的领导力模型："谢谢大家的分享，刚刚大家分享的很多观点和条目也是公司非常关注的。接下来，我们一起来看公司对领导力的要求是什么样的。"讲师简要介绍每项领导力的基本含义，在介绍时可以呼应一下刚才学员发言中有关联的观点。

- 讲师把公司的领导力卡片（每张卡片上都有一项能力及解释）发给学员，并请每个小组讨论以下两个问题，讨论时间为8分钟。

  ➢ "哪一项领导力在刚才的小组讨论中大家提到了，并且认为很重要？"

  ➢ "哪一项领导力在刚才的小组讨论中被忽略了？原因是什么？对自己的启发是什么？自己未来需要加强什么？"

- 讲师根据时间安排，选择合适的分享方式。例如，可以邀请每个小组代表仅分享自己小组忽略的领导力，以及自己未来需要加强什么；也可以仅邀请一两个小组代表分享自己小组的讨论结果。

- 在小组讨论和分享时，讲师提示学员可以在笔记本上记下对自己有帮助的内容。在全部结束后，讲师感谢学员的分享，并引导学员进入下一个课程主题。

活动名称：影响员工绩效的因素

活动背景与目标：

"激励下属"与"辅导下属"是管理者培训课程中常见的课程主题。下面这个体验活动可以让管理者通过体验的方式认识与了解影响员工绩效的因素，进而深入思考可以采用哪些方法去激励与辅导下属。

适用人数：

10 ~ 50人。

活动时间：

20分钟。

准备材料：

为每个学员准备一支笔、几张白纸（A4 纸即可）。

活动流程：

- 讲师引入此课程主题，说明："现在我们要做一个有趣的体验活动。假设我是你们的管理者，你们都是我的下属。我会引导你们进行 4 轮体验活动，每轮体验活动需要 14 秒的时间。你们只要按照我的要求做即可。现在，请大家拿出一张白纸、一支笔，做好准备。"注意：如果活动流程比较复杂，我们建议讲师在开始时用简单的语言把活动的概况介绍给学员，成人的掌控感比较强，他们在理解了活动的概况后会更好地配合讲师的活动要求。

- 讲师分 4 轮引导体验活动。

  ➢ "首先，我们进行第一轮体验活动。请大家在纸上写出 26 个英文字母，14 秒的时间，不可以问任何问题，开始。"学员可能会面露困惑或不解，讲师此时不需要解释，只是督促学员尽快完成，在 14 秒后喊停。

  ➢ "好，第一轮体验活动结束了。请大家看看自己身边的学员是否跟自己写得一样。"根据我们的经验，每个学员写的方式（如大小写、横着写还是竖着写、是否换行等）都会有差别。讲师可以接着引导第二轮体验活动："大家写得好像都不一样，作为管理者，我对大家上一轮产出的绩效不是很满意。我来重新布置一下：一会儿我会给大家 14 秒的时间，要求每个学员写出 26 个英文字母，都是小写，一个挨着一个，横着写，在一行写完后就可以换一行接着写。大家清楚了吧，还有什么问题吗？（讲师稍事停顿，回答学员的问题。）如果没有问题了，那么现在开始。"在 14 秒后，讲师结束这一轮体验活动。

  ➢ "好，第二轮体验活动结束了，请大家再看一看自己身边的学员所写的，这次是否与自己所写的一致了呢？"根据我们的经验，这次学员写的方式会比较一致。讲师接着引导第三轮体验活动："非常好，大家完成的标准基本合格了，不过我希望你们的产出效率越来越高。所以第三轮体验活动的要求是，书写标准和第二轮体验活动相同，不过在这一轮体验活动中，我需要各小组决出一个第一名，谁能在规定的时间内写出最多的英文字母，谁就是第一名，谁就能获得一个奖品。开始。"在 14 秒后，讲师结束这一轮体验活动，并请各小组决出一个第一名。

> "好，我们还剩下最后一轮体验活动，这一轮体验活动的要求和第二轮体验活动相同，不过我需要大家用左手写，写的英文字母越多越好。开始。"在 14 秒后，讲师结束这一轮体验活动，并请学员在各自的小组内互相查看彼此的结果。

- 讲师引导小组讨论活动："谢谢大家的参与。让我们共同回顾一下，刚刚我们一同经历了 4 轮体验活动。我作为管理者，其实在模仿用不同的方法去刺激员工完成每一轮的任务。接下来，我需要大家以小组为单位进行一轮讨论活动。回顾一下刚才你们的体验过程，分享一下在哪一轮体验活动中你们的感受最好、哪一轮体验活动的结果最好，并总结一下：管理者用了什么方法让员工工作感受好或者绩效好。在 5 分钟后各小组要分享自己的答案。"在 5 分钟后，讲师结束小组讨论活动，并请各小组分享自己的答案。

- 学员可能会给出如下答案，讲师可以边听边做简单的点评。

> 在第一轮体验活动中的感受不好，因为管理者没有给予清晰的指令和要求。和实际工作情况类似的是，很多员工的绩效不好，其实也是因为不清楚绩效标准和目标，管理者没能清楚地传递这些信息。

> 在第二轮体验活动中的感受比较好，而且绩效好，原因是管理者清晰地说出了绩效标准与目标。

> ➢ 在第三轮体验活动中，管理者使用了奖励这个管理工具，有的学员会受到奖励的刺激而产出更高的绩效；也有的学员对奖励不屑一顾，反而不愿意参与这轮体验活动。由此可以看出，管理者的奖励可能是把双刃剑，要想用好奖励这个管理工具，管理者需要很好地理解员工深层次的动机。

> ➢ 第四轮体验活动增加了任务的难度和挑战性。有的学员非常喜欢这一轮体验活动，当然也有的学员不喜欢。有难度和挑战性的任务在某种程度上是管理者可以使用的一个资源，可以用来激励员工。同时，大多数人在第四轮体验活动中的结果远远不如第三轮体验活动，原因非常简单，大多数人用左手的技能并不熟练，因此员工的技能也是一个影响员工绩效的关键因素。

- 待所有小组都分享后，讲师从中总结有哪些因素可以影响员工的绩效，并和自己接下来的课程内容进行衔接。

活动名称：三人行，必有我师焉

活动背景与目标：

　　给管理者的培训课程经常会面临一大难题——课程内容很难完全符合学员的需要。因为行业不同、企业文化不同等，大多数企业都在管理上面临着自己比较独特的挑战，而标准的管理类课程提供的通常都是通用的管理理论和方法。所以，许多管理者在结束培训课程后会抱怨课程内容无法应用在自己的实际工作中。因此，对培训管理者和讲师来说，一个比较聪明的做法是让学员在课堂上多做自己的经验交流，因为同一个企业的管理者往往面临着比较相似的管理问题，他们从课堂上的相互交流中也许能收获讲师没有讲到的有用的经验和方法。

　　但是，有的培训管理者和讲师表示他们在邀请学员分享自己的管理问题、经验和方法时比较吃力，不容易引出学员独特的经验，大家往往都说一些常见的管理问题、经验和方法，价值和意义不大。为了解决这个难题，我们在下面的这个活动中运用了"时间轴"工具，借助一个相对图形化的工具，促使学员整理与输出自己独特的经验，让学员间的经验交流更加自然、深入和有效。

此外，这个活动还可以用于各类管理课程的课程主题中，但为了更好地解释这个活动的流程，我们假设讲师的课程主题是"辅导下属"。

适用人数：

不限。

活动时间：

30分钟。

准备材料：

- 为每个学员准备一支笔、几张白纸（A4纸即可）。

- 如果可以，就在学员手册上准备好"总结与收获"的记录页。

活动流程：

- 讲师引入此课程主题，说明："辅导下属一直是管理者必须做的工作。这个工作说起来简单，但在真正做时往往会面对各种挑战。接下来，我们一起就这个课程主题交流一下经验。"

- 讲师引导学员自我反思。

  ➢ "首先，请大家闭上眼睛，回顾一下自己当管理者后的这段经历，我们希望你找到一段自己辅导下属的经历，这个下属给你留下了比较深的印象，对他的辅导花费了你不少精力，过程也比较曲折，结果可能是成功的，也可能是失败的。如果你想起了一个这样的下属，你就睁开眼睛。"根据我们的经验，在大约10秒后，大部分学员都会睁开眼睛。

➤ "接下来，请大家在白纸上画一个长长的箭头。然后，把这个箭头当作一个时间轴，沿着它去回顾一下你辅导这个下属的经历。从最开始接触他到了解他，在这个过程中你做了哪些辅导动作。围绕关键的时间点，回顾一下这段辅导的经历。尤其是在辅导他的过程中你遇到的挑战、挫折和困惑，请务必在这个时间轴上体现出来。"讲师可以在 PPT 上给出一个样例（见图 8-2），并继续说明："请在时间轴上标出关键的时间点，在时间轴下方写明当时发生了什么事，在时间轴的上方写明自己当时的想法或者感受。"在介绍完活动的要求后，讲师给学员 5~8 分钟的时间回顾自己辅导下属的经历和绘制个人的时间轴。在这个过程中，讲师播放一些轻柔的、略带节奏的背景音乐，以使学员放松。

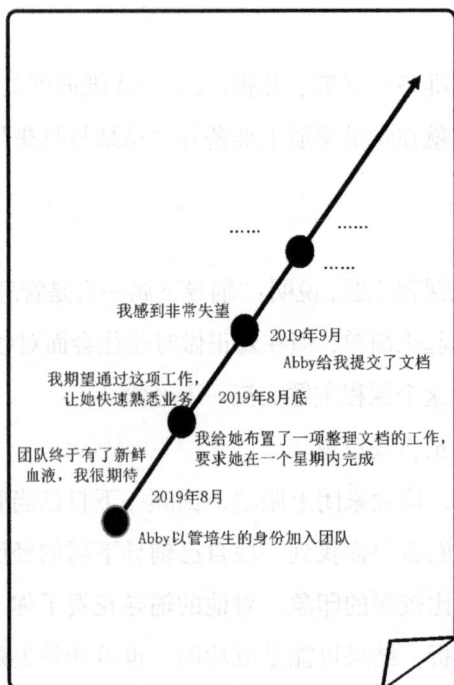

图 8-2　样例

- 讲师引导学员进行经验交流："谢谢大家的参与，刚才大家都非常认真。接下来是我们的分享时间。"讲师根据场地情况和实际的授课情况，把学员分成 3 人一组。可以让相邻的 3 个学员组成一组，也可以让学员自由组合。"古人云：'三人行，必有我师焉。'现在你们已经组成了 3 人小组。接下来，请你们在各自的小组内分享自己辅导下属的经历，以及自己在辅导下属的过程中遇到的挑战、挫折和困惑。在小组的一个学员分享时，另外两个学员要认真倾听并发表自己的观点与看法。这些观点与看法可以是你在遇到类似的情况时是怎么处理的、有什么经验可以分享，也可以是对分享者的处理方法你是否同意、有无其他做法等。每个学员分享与接收反馈的时间为 8 分钟，整个小组的交流时间为 24 分钟。"这个活动的交流时间相对较长，为了更好地管理，讲师可以为每个小组选择一个计时员，请他确保每 8 分钟就完成一个学员的分享与接收反馈。

- 讲师引导最后的总结："谢谢大家的分享与交流。相信其他学员的经验能给你带来更多的思考，让你未来在辅导下属时有更多的思路和方法。现在，请大家打开自己的学员手册，用 2~3 分钟的时间在'总结与收获'的记录页中记录自己的收获。"这项内容在第五章中提到过，讲师要满足学员，需要时刻了解其所学内容可以如何应用的心理诉求。

第九章 创新与突破性思维培训

在培训课程中，讲师经常遇到一些场景，需要融入一些和创新与突破性思维相关的教学活动。

- 在引入一些新的工作方法和工作理念时，讲师需要通过一个教学活动让学员认识到自己的思维很容易被过去的经验所限制，所以在学习新的知识时，大家应该放下自己过去的经验，尝试了解新的角度和观点。

- 在下午的课程开始时，学员比较困乏，讲师需要通过一个调动学员思维的教学活动来活跃课堂气氛。让学员做肢体运动固然可以，但针对相对层级较高、培训文化偏保守的学员，讲师引导和实施调动学员思维的教学活动，效果会更好。

- 在讲解创新与突破性思维的课程内容时，实施恰当的教学活动可以帮助讲师引入课程内容。

下面的 3 个简单、有趣的教学活动，都是和创新与突破性思维相关的教学活动，可供大家参考和使用。

活动名称：6 个错误

活动背景与目标：

通常来讲，学员对于任何培训主题都有一定的认知与见解。例如，一个学员要参加核电站知识的相关培训，他不是做这方面工作的，也未接受过任何这方面的培训，但对于该培训主题，他同样可能有些认知，如他看过核电站的照片、读过与核电站有关的新闻等。这可能是好事，也可能是"坏事"。因为学员可能已经对该培训主题有了自己的认知与见解，而这些认知与见解与讲师要传递的认知与见解可能是不同的。因此，很多讲师在开始授课之前往往会给学员提一个要求：请学员保持"空杯心态"。换句话说，讲师希望学员不要觉得自己什么都会、什么都明白而不认真听讲，甚至因为讲师的认知与见解与自己的不同而与讲师"对着干"，讲师更希望学员能开放地接受新的认知与见解。

虽然我们认为学员对培训主题有自己的认知与见解是好事，因为真理不辩不明，但是我们更希望学员先倾听并尝试理解讲师的认知与见解，再把讲师的认知与见解和自己的认知与见解做对比、做连接，甚至可以和讲师讨论自己的认知与见解。因此，我们提供了这个可以促使学员保持"空杯心态"的教学活动，这个教学活动可以让学员体验到、认识到自己大脑中存在的一些固有认知，进而在接下来的学习中进一步自我觉察、开放心态。

适用人数：

不限。

活动时间：

10 分钟。

准备材料：

一张 PPT，如图 9-1 所示。

6 errors

"You may not belief that there are six errers in this short paragraph. Studi the paragraph carefuly. You may reed it as many times as necessary. Don't give it up too easily. See if you can find all of them."

图 9-1　一张 PPT

活动流程：

- 讲师打开准备好的 PPT，并解释："我想请各位学员做一个活动。在这张 PPT 上有一段英文，不过其中有 6 个错误。我请各位学员用 2～3 分钟的时间找一找这 6 个错误，可以进行小组讨论。"讲师给学员 3～5 分钟的时间寻找错误。在这段英文中，其实只有 5 错误：belief 应该为 believe，errers 应该为 errors，Studi 应该为 Study，carefuly 应该为 carefully，reed 应该为 read。所以，学员即使苦苦寻找，也不会找到第六个错误。其实可以认为第六个错误是讲师的要求错了：没有 6 个错误，仅有 5 个错误。但是，学员几乎不会认为讲师的要求错了，而认为是自己没有找到所有错误。也就是说，学员的大脑中有一个可能自己都没有意识到的假设，即"讲师是对的"。

- 在 3～5 分钟后，讲师叫停活动，并进行活动总结。

  ➢ "大家可能发现，在这段英文中其实只有 5 个错误，而不是 6 个错误。让我们一起来看一下这 5 个错误是什么。"讲师接下来快速地带领学员确认这 5 个错误及如何修改。

  ➢ "不过，让我们回顾一下，刚才大多数学员都只发现了 5 个错误，根本找不到第六个错误，但还是在苦苦地寻找，而没有学员告诉我这段英文中没有第六个错误。这其实是一个非常常见的现象，我做过很多次这样的小测试，很少有学员质疑讲师。大家知道这是为什么吗？"

  ➢ "道理很简单，大家在自己的大脑中都有一个自己没有意识到的假设，即'讲师是对的'。大家的很多决策和行为都是基于这个假设做出的。"

  ➢ "除了这个假设，在我们的大脑中还有很多其他的假设，这些假设是在我们过往的人生经历中逐步建立的，我们对这些假设深信不疑，并以这些假设为基础来进行判断、选择和决策。我再举个例子，我们基于以前的学习经历，可能在大脑中建立了一个假设，即'在教室里，老师应该站在教室的前方讲课，而不应该站在教室的后面'。因此，当我们自己成为老师时，我们也会这样做；或者当我们看到一个老师并没有站在教室的前面，而是一直站在教室的后面时，我们就不认为她在讲课，甚至不认为她是老师。我们的判断、行为等都是基于我们的假设做出的。"

> "在学习今天的课程时，大家一定带着很多假设。我期待的是，通过不断地体验、分享与交流，大家都能觉察到自己大脑中的假设，然后思考这些假设的正误。这样，大家就可以敞开心扉，开放地接受不同的认知与见解。"

- 讲师引入自己的培训主题。如果时间允许，那么讲师还可以带领学员先讨论一下，围绕今天的培训主题，他们大脑中有哪些假设，并请他们判断这些假设的正误。例如，在"辅导下属"的培训主题中，讲师可以请学员讨论："关于'辅导下属'，你已经有了什么假设？你认为'激发一个人的成长意愿比教会一个人做事的方法更加重要'的假设对吗？"

活动名称：摆硬币

活动背景与目标：

这是一个需要学员突破固有思维，进行有效大脑激荡的活动。

适用人数：

6 ~ 50 人。

活动时间：

15 分钟。

准备材料：

为每个小组都准备 12 枚硬币（1 元硬币大小），如图 9-2 所示。

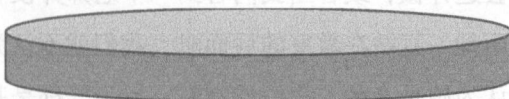

图 9-2　硬币

活动流程：

- 讲师为每个小组都分发 12 枚硬币，并提出要求："下面我们以小组为单位来完成一个任务，这个任务很简单，就是摆出一个四边形，四边形的每条边上都要有 5 枚硬币。"讲师给学员 3 ~ 5 分钟的时间进行小组讨论并完成任务。如果一个小组先完成了任务，那么讲师要让这个小组保密，同时询问其他小组是想马上知道如何完成任务，还是想继续探索，然后根据其他小组的反馈适时结束小组讨论。

- 讲师用 12 枚硬币摆出每条边上都有 5 枚硬币的四边形，如图 9-3 所示。

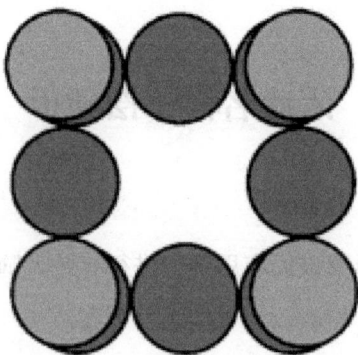

图 9-3　每条边上都有 5 枚硬币的四边形

- 讲师引导活动的总结，并强调这是一个需要突破固有思维才能完成的任务，很多小组没有完成，是因为他们没想到硬币可以摆在一起。

- 讲师可以将这个活动和自己的课程内容做关联，也可以请学员总结并分享自己从这个活动中学到了什么。

活动名称：数字排序

活动背景与目标：

这是一个需要学员突破固有思维，进行有效大脑激荡的活动。

适用人数：

不限。

活动时间：

10分钟。

准备材料：

两张PPT，如图9-4所示。

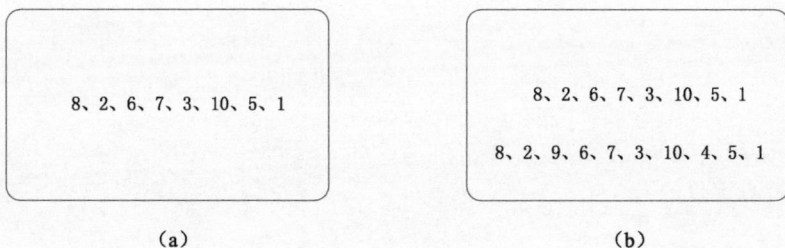

8、2、6、7、3、10、5、1	8、2、6、7、3、10、5、1
	8、2、9、6、7、3、10、4、5、1
（a）	（b）

图9-4　两张PPT

活动流程：

- 讲师播放第一张PPT［见图9-4（a）］，并解释："这些数字是按照一定的规律进行排列的，请大家通过小组讨论找到这个规律。如果要在这些数字中加入4和9，那么应该把4和9放在什么位置？"讲师给学员 3~5 分钟的时间进行小组讨论。如果有小组找到了答案，讲师就可以请其分享答案。

- 讲师引导活动的总结："其实，这些数字并不是按照数学规律进行排列的，而是按照这些数字的汉语拼音首字母排列的。因此，4 和 9 应该分别放在数字 10 和 2 后面。"讲师同时播放第二张 PPT［见图 9-4（b）］，说明 4 和 9 的位置。

- 讲师引导活动的总结，并强调"数字一定是按照某种数学规律进行排列的"是学员的固有思维，很多学员就是为这种固有思维所困才找不到答案的，因此在需要创新性地解决问题时，大家要突破固有思维。

第十章　企业文化培训

　　绝大多数企业都会为员工提供企业文化培训。通常的企业文化培训包括企业的发展历史、愿景、使命和价值观，每一条价值观的含义与行为表现，围绕每一条价值观的企业故事等。企业文化培训的效果在很大程度上取决于讲师的能力。如果讲师在企业的时间较长，知道企业发展的很多历史与故事，而且具有很强的表达能力，讲师就能使企业文化培训取得良好的效果；反之，如果讲师对企业文化的了解尚浅，或者表达能力一般，讲师就不能使企业文化培训取得良好的效果。

　　为了降低讲师的个人能力对课程效果的影响，我们建议在企业文化培训课程中添加适当的教学活动。这样做的好处有很多，其中有两点很关键。第一，有了教学活动，讲师的表达能力对课程效果的影响就会降低，即使讲师的表达没那么生动、有趣，讲师也能依靠教学活动实现预期的课程目标。第二，企业文化培训课程的核心是传递企业的价值观。围绕传递企业的价值观，企业不仅希望员工在课堂上知道和理解企业的价值观，更希望他们认同企业的价值观，并在工作中做出符合企业的价值观的行为。而教学活动能让学员在课堂上对企业的价值观有亲身体验与感受，从而使学员更容易认同与践行企业的价值观。因此，在企业文化培训课程中，讲师多设计一些教学活动，让学员多分享与交流，对实现课程目标尤为重要。下面介绍两个行之有效的教学活动。

活动名称：行为信封

活动背景与目标：

　　讲师在介绍企业的价值观时，会相应地介绍企业的价值观的行为表现。这个活动会调动学员采用相对有趣的方式去讨论、总结企业的价值观的行为表现。

适用人数：

6~50 人。

活动时间：

45~60 分钟。

准备材料

- 准备与企业的价值观数目相等的信封。
- 为每个小组准备 10 张彩色圆点贴纸。
- 在每个小组的桌子上放置几张空白的 A4 纸和几支笔。

活动流程：

- 讲师引入活动："接下来，我们围绕企业的价值观进行小组讨论。请
  每个小组派一个学员上来抽取一个信封。"学员抽取的信封是空的，
  但信封外面写有一条企业的价值观，如图 10-1 所示。在学员抽取信
  封时，讲师把有字的一面朝下，这样学员就看不到信封上的字了。

图 10-1　写有一条企业的价值观的信封

- 讲师引导小组讨论。
  - "各小组在拿到信封后，需要围绕信封上所写的企业的价值观
    进行讨论，并罗列你们认为能反映这条价值观的行为。例如，
    小组抽到的信封上写着'以客户为中心'，小组讨论出的一项行

为是'对于客户的投诉，我们要在 24 小时之内给予回复'，就把这项行为写在 A4 纸上。"讲师接下来可以继续强调："我建议，大家写的行为要具备一些特征，行为越清晰、越具体、其达成标准越明确越好。讨论时间为 4 分钟。此外，一会儿我在收集到大家的答案后，会进行小组答案质量的评价与评比，希望大家都能认真、积极地讨论，以得出质量较高的答案。"

➢ 在 4 分钟后，讲师结束讨论，请各小组把写着答案的 A4 纸（一张或几张）折起来塞进信封中，并与其他小组交换信封。各小组需要把自己小组的名字写在这些 A4 纸上，如第一组、第二组等。在交换信封时，各小组可以与自己右边的小组交换。

➢ 各小组在得到新的信封后，又有 4 分钟的时间进行讨论和写答案，并把写着答案和自己小组名字的 A4 纸折起来塞进信封中。讲师在这里需要提示学员：各小组在拿到新的信封时，不可以把里面其他小组已经写好的答案拿出来看，只能自己讨论。之后，信封继续以同样的方式进行交换，直到所有小组都讨论完所有信封上的企业的价值观。

➢ 在所有小组都讨论完所有信封上的企业的价值观后，讲师说明要求："现在每个小组都有一个信封，你们可以把里面所有的纸都拿出来。你们的任务是把所有的答案进行总结，并准备与全班学员分享。"

• 讲师介绍总结和分享的要求。

➢ 讲师请各小组把信封里的所有纸都拿出来，共同分析纸上所写的行为。可以对这些行为进行排序、合并、延伸等，最后总结出至少 5 项行为，与全班学员分享。

➢ 讲师请各小组在总结的同时对其他小组的答案进行评分。每个小组都拿起自己桌子上的 10 张彩色圆点贴纸，为其他小组的答案打分。例如，所有组员都认为某个小组的答案特别好，就可以给这个小组的答案贴 7 张彩色圆点贴纸（即打 7 分）；而另一个小组的答案不是很好，就可以给这个小组的答案贴 2 张彩色圆点贴纸（即打 2 分）等。每个小组都要把 10 张彩色圆点贴纸用完，但最好不要平均分配。

- 讲师引导小组分享。

  ➢ 讲师请各小组分享自己的总结结果，并对各小组的总结结果给予反馈、补充和点评。由于这些反映企业的价值观的行为是学员自己讨论、总结出来的，因此学员会更加认可这些行为并且对这些行为印象深刻。

  ➢ 在每个小组进行分享时，讲师都要询问他们对其他小组的答案的评分，并让每个小组都记录自己获得的分值。由于每个小组都向不同的信封中塞了写着答案的 A4 纸，因此每个小组都会得到几个分值。总分最高的那个小组可以获得一定的奖励。

活动名称：你的选择

活动背景与目标：

让对企业的价值观的讲解更加贴近学员的实际工作与生活的一个好方法，是用企业内部的真实案例来做说明。但是，如果企业内部的真实案例描述的都是模范人物和重大事件，主人公们个个意志坚定、立场鲜明、聪明果断，很容易就解决了挑战与问题，那么这些案例给人的感觉就是"有点假"，在解读和宣传企业的价值观方面的作用反而比较弱。在企业文化的培训课程中，我们建议讲师讲一些发生在学员身边的故事，而且主人公在解决问题时有过矛盾和纠结，在做决策时也面临着许多风险与挑战，这样的故事更能打动学员，故事中体现的企业的价值观也更容易让学员感同身受。

"你的选择"这个活动就是让学员在课堂上体验矛盾和纠结，从而更深入地理解企业的价值观。这个活动本身更多的是一个框架，也就是说，活动流程是可以在很多课程主题中使用的，但是其中具体的案例研讨点，需要讲师根据自己企业的情况进行调整或者重新开发。

适用人数：

6 ~ 50 人。

活动时间：

10 分钟。

准备材料：

两张 PPT，如图 10-2 和图 10-3 所示。

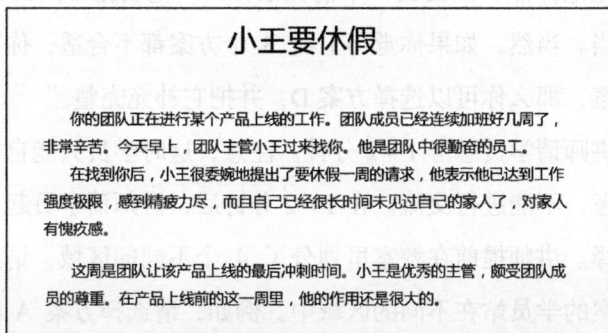

小王要休假

你的团队正在进行某个产品上线的工作。团队成员已经连续加班好几周了，非常辛苦。今天早上，团队主管小王过来找你。他是团队中很勤奋的员工。

在找到你后，小王很婉转地提出了要休假一周的请求，他表示他已达到工作强度极限，感到精疲力尽，而且自己已经很长时间未见过自己的家人了，对家人有愧疚感。

这周是团队让该产品上线的最后冲刺时间。小王是优秀的主管，颇受团队成员的尊重。在产品上线前的这一周里，他的作用还是很大的。

图 10-2　第一张 PPT

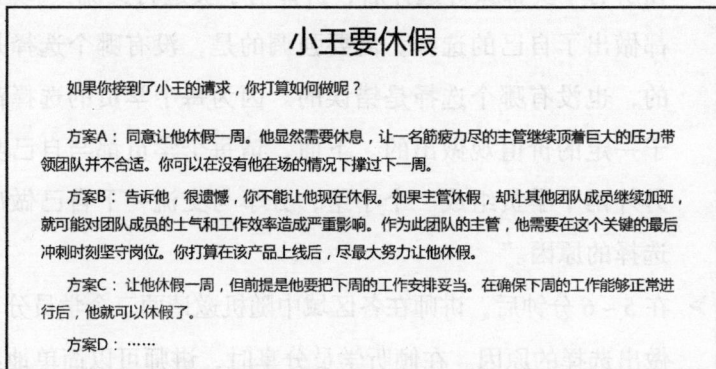

小王要休假

如果你接到了小王的请求，你打算如何做呢？

方案A：同意让他休假一周。他显然需要休息，让一名筋疲力尽的主管继续顶着巨大的压力带领团队并不合适。你可以在没有他在场的情况下撑过下一周。

方案B：告诉他，很遗憾，你不能让他现在休假。如果主管休假，却让其他团队成员继续加班，就可能对团队成员的士气和工作效率造成严重影响。作为此团队的主管，他需要在这个关键的最后冲刺时刻坚守岗位。你打算在该产品上线后，尽最大努力让他休假。

方案C：让他休假一周，但前提是他要把下周的工作安排妥当。在确保下周的工作能够正常进行后，他就可以休假了。

方案D：……

图 10-3　第二张 PPT

活动流程：

- 讲师引入活动："接下来，我给大家看一个案例，请大家在阅读后自己思考并做出选择。"讲师播放第一张 PPT，如图 10-2 所示。讲师花些时间带学员阅读案例，并确保所有学员都理解了案例。

- 讲师播放第二张 PPT，如图 10-3 所示，并快速解释一下上面的内容。

  ➢ "大家看看有几个方案可供选择。方案 A：你同意让他休假一周，因为他很劳累，而且他要休假的理由也非常合理。你打算让他休假，他留下的工作由你来替他完成。方案 B：你不让他休假，这似乎也有道理，因为产品上线前的最后一周非常关键，他作为团队主管，的确不应该在这个关键时刻休假。方案 C：你同意让他休假，但提出一个前提条件——他要把下周的工作安排妥当。当然，如果你觉得上面 3 个方案都不合适，你有更好的方案，那么你可以选择方案 D，并把它补充完整。"

  ➢ 讲师请学员思考 1~2 分钟。注意，这时学员只能自己默默地思考，不能进行交流。在 1~2 分钟后，讲师请学员起立并做出选择。讲师提前在教室里划分了 4 个不同的区域，请选择不同方案的学员站在不同的区域中。例如，请选择方案 A 的学员站在教室的左前方，请选择方案 B 的学员站在教室的右前方等。

  ➢ 在所有学员都做好选择后，讲师请学员进行交流："现在大家都做出了自己的选择。需要强调的是，没有哪个选择是正确的，也没有哪个选择是错误的。因为每个学员的选择都是基于一定的价值观做出的。下面，请每个学员都与自己身边的另外两个学员组成一个小组，分享与交流一下自己做出这个选择的原因。"

  ➢ 在 5~6 分钟后，讲师在各区域中随机邀请两三个学员分享自己做出选择的原因。在倾听学员分享时，讲师可以简单地给予反馈和点评，也可以分享一下自己的选择及做出选择的原因。

- 讲师进行活动总结。这类活动的总结可以分为以下两类。
  - ➢ 第一类是借助这个活动说明个人的价值观要与企业的价值观保持一致的必要性。例如："谢谢大家的分享，现在大家可以回到自己的座位上了。不管我们的选择是什么，我们做出的选择都反映了我们在工作中的价值观。在工作中，我们经常要做选择、做决策，这些选择和决策在很大程度上体现了我们个人的价值观。因此，确保个人的价值观与企业的价值观保持一致非常重要。如果你个人的价值观与企业的价值观不一致，那么你在工作中的很多决策和选择都可能不被企业认可，你也就很难在企业中获得更好的发展。"
  - ➢ 第二类是借助这个活动说明一些观点和做法的对错。讲师需要分享正确的观点和做法，并解释原因。如果学员对正确的观点和做法有异议，讲师就可以借助解决异议的机会进一步说明企业的价值观。